DANS LA MÊME COLLECTION

LA PHILOSOPHIE
DE FRANCIS BACON

REPÈRES

DU MÊME AUTEUR
À LA MÊME LIBRAIRIE

Francis Bacon : science et méthode, en collaboration avec J.-M. Pousseur, 208 pages, 2002.

Kant ou Hume, ou la raison et le sensible, 336 pages, 1980, 2002.

La philosophie empiriste de David Hume, 384 pages, 1976, 2002.

Philosophie française et philosophie écossaise, 1750-1850, en collaboration avec E. Arosio, 224 pages, 2007.

Qu'est-ce que la causalité ?, 128 pages, 2002.

Qu'est-ce que la politesse ?, 128 pages, 2008.

Thomas Hobbes ou l'œuvre de la raison, 272 pages, 1984, 2000.

Trois essais sur le sensible, 146 pages, 1991, 2000.

D'ALEMBERT, *Discours préliminaire de l'Encyclopédie*, introduction et notes, 208 pages, 2002.

CONDILLAC Ét. (de), *Traité des animaux*, édition, introduction et notes, 256 pages, 2004.

HUME D., *Dialogues sur la religion naturelle*, introduction, texte, traduction et notes, 384 pages, 1997, rééd. 2005.

HUME D., *Enquête sur l'entendement humain*, introduction, texte, traduction et notes, 420 pages, 2008.

HUME D., *Essais et traités sur plusieurs sujets*, introduction, traduction et notes, t. 1 : 320 pages, 2000 ; t. 2 : 288 pages, 2010 ; t. 3 : 224 pages, 2004 ; t. 4 : 256 pages, 2001.

HUME D., *Essais sur l'art et le goût*, introduction, texte, traduction et notes, 284 pages, 2010.

HUME D., *L'histoire naturelle de la religion et autres essais sur la religion*, introduction, traduction et notes, 140 pages, 1989.

REPÈRES PHILOSOPHIQUES

Directeurs : Ruedi IMBACH et Michel MALHERBE

LA PHILOSOPHIE
DE FRANCIS BACON

REPÈRES

par

Michel MALHERBE

PARIS

LIBRAIRIE PHILOSOPHIQUE J. VRIN

6 place de la Sorbonne, V^e

2011

© *Librairie Philosophique J. VRIN*, 2011
Imprimé en France

ISSN 2105-0279
ISBN 978-2-7116-2299-3

www.vrin.fr

ABRÉVIATIONS

AL   *The Advancement of Learning*. Si AL est suivi de DA, la référence est donnée à OFB IV. Si AL est seul, la référence est donnée à OFB IV, suivie de la page de la traduction de M. Le Dœuff.

CV   *Cogitata et visa*, suivi du numéro de l'article.

DA   *De augmentis scientiarum*. Si DA est précédé de AL, la référence est donnée à la traduction dans l'édition Buchon (page et colonne). Si DA est seul, la référence est donnée à l'édition Spedding (I), suivie de la page dans Buchon. Nous donnons aussi, à l'occasion, le numéro du livre, suivi du numéro du chapitre.

Del.   *Partis instaurationis secundæ delineatio et argumentum*, suivi de la page dans Sp. III, puis de la page dans l'édition Buchon.

DGI   *Descriptio globi intellectualis*, suivi de la page dans Sp. III.

DO   *Distributio operis*, suivi de la page dans l'édition Rees (OFB XI) et dans la traduction de NO par M. Malherbe et J.-M. Pousseur.

E   *Essays*, suivi du numéro de l'essai.

IM, préf.   préface de l'*Instauratio magna*, suivi de la page dans l'édition Rees (OFB XI) et dans la traduction de NO par M. Malherbe et J.-M. Pousseur.

NA   *Nouvelle Atlantide*, suivi de la page dans Sp. III et dans la traduction de M. Le Dœuff.

NO   *Novum organum*, suivi du numéro du livre puis de l'aphorisme.

OFB   *The Oxford Francis Bacon.* On mentionne le numéro du volume dans cette édition en cours.

Par.   *Parasceve ad historiam naturalem et experimentalem*, suivi du numéro de l'article.

RPh   *Redargutio philosophiarum*, suivi de la page dans Sp. III, puis de la page de la traduction de D. Deleule et G. Rombi.

Sp.   *The Works of Francis Bacon*, édition de J. Spedding, R. Ellis et D. Heath, suivi du numéro du volume.

TPM   *Temporis partus masculus*, suivi de la page dans Sp. III, puis de la page de la traduction de D. Deleule et G. Rombi.

VT   *Valerius terminus*, suivi de la page dans Sp. III, et de la page de la traduction de F. Vert.

LA VIE DE FRANCIS BACON

Multum incola fuit anima mea cum his qui oderant pacem
(mon âme a trop vécu en terre hostile)
Psaume 120, v. 6

La biographie de Bacon est un sujet classique des études historiques et littéraires. Abondamment documentée, elle renvoie une excellente image de la société anglaise sous les règnes d'Elisabeth Ire et de Jacques Ier, ainsi que des transformations politiques de l'Angleterre entrant dans l'âge moderne. Elle offre assez de singularité pour avoir piqué la curiosité de beaucoup, et elle présente assez de péripéties pour avoir été parfois tournée en roman. D'aucuns ont même soutenu les thèses les plus folles : Bacon aurait écrit les pièces de Shakespeare et peut-être même les *Essais* de Montaigne, et pourquoi pas *Don Quichotte*. D'autres ont prétendu qu'il aurait été le fils naturel de la reine Elisabeth, *the virgin queen*, laquelle l'aurait sacrifié à ses passions et à la raison d'État. Mais surtout, on ne saurait lire le récit de sa vie sans devoir rendre un jugement moral : ses passions furent-elles à son honneur ? Fut-il un traître en amitié ? Fut-il un homme politique corrompu, comme en jugèrent ses adversaires qui précipitèrent sa chute ? Questions qui demandent une enquête scrupuleuse, car elles renferment cette autre question : peut-on

être philosophe sans être en même temps homme de bien ?
« J'aimerais mieux Bacon, grand auteur et homme de bien ; mais
s'il faut opter, je l'aime mieux encore grand homme et fripon,
qu'homme de bien et ignoré », disait Diderot. On loue un philosophe pour sa contribution à l'histoire de la vérité, on blâme un
individu pour la violence de ses passions ou la noirceur de ses
actions. Or, nul ne peut ignorer la place qui, très tôt, fut accordée
à Bacon dans l'histoire de la connaissance, même si son mérite
doit être précisé avec assez d'exactitude. Nul ne peut non plus
ignorer que l'homme fut animé d'une passion dévorante, l'ambition, même si l'objet de cette ambition reste à éclaircir. Mais
faut-il n'accorder aux philosophes que la passion de la vérité ?
Est-il vrai que spéculation philosophique et carrière politique ne
peuvent faire bon ménage ?

Bacon ne fut pas un homme d'étude, mais un homme
d'action. Avec les mérites et les faiblesses qu'ont dans l'action
les hommes de pensée. Il fut acteur en philosophie comme il le
fut en politique. Il ne fut nullement un philosophe qui se serait
égaré à ses dépens en politique. Dans sa réforme du savoir, il se
montra homme d'État autant que philosophe et, dans sa pratique
politique, il ne laissa pas de se comporter en philosophe et en
juriste.

PREMIÈRES AMBITIONS

Mêmes les philosophes ont une naissance. Et l'on sait que
les hasards de la naissance, lorsqu'ils se mêlent aux accidents de
la fortune, font parfois, réunis, une existence. Bacon vit le jour
le 22 janvier 1561. Il eut le bonheur de naître dans une famille
qui alliait la culture des Lettres et le service de l'État et relevait
de cette élite sociale, principalement issue de la magistrature,

qui fournissait les grands officiers du royaume. Ainsi, le père de Bacon, homme d'une réelle culture, avait su se rendre indispensable à la jeune reine Elisabeth qui l'avait nommé en 1558 Lord Keeper of the Great Seal (Lord Garde du grand Sceau), une fonction qui faisait de lui un des premiers personnages du royaume et qui lui resta jusqu'à la fin de sa vie. Il vivait dans l'aisance et il avait doté ses fils; il devait le faire aussi pour le dernier, encore jeune, Francis. La mère de Francis, Lady Ann Cooke, femme également de grande qualité qui écrivait le grec et savait la théologie et que son père avait épousé en secondes noces, était la belle-sœur de William Cecil Burghley, lequel, fidèlement attaché à la Couronne, fut Secrétaire d'État sous Edouard VI et Elisabeth. Bacon était ainsi né sous les meilleurs auspices et pouvait nourrir les plus grandes espérances. La reine rendait visite aux Bacon et, dit-on, s'intéressa au jeune Francis.

Comme il se doit, après ses premières études, Francis est inscrit à Trinity College, à Cambridge, en même temps qu'Anthony, son aîné d'un an : lui-même avait treize ans. Il quitte le collège à seize ans, sans avoir pris ses degrés et après avoir suivi le cycle normal des études, lesquelles, la formation universitaire n'étant plus réservée aux seuls clercs, avaient été ouvertes aux courants humanistes et aux auteurs nouveaux : Erasme, Machiavel, Ramus, Patrizzi, Telesio, etc. Durant cette période, il eut pour tuteur John Whitgift, futur archevêque de Canterbury, qui, tout en s'efforçant de transmettre aux deux frères le fond de la culture classique, veilla à les former à leur position sociale future. On ne peut pas dire que Francis ait été remarqué alors pour son assiduité à l'étude, quoique Rawley, qui fut plus tard son chapelain, ait écrit qu'il prit là du dégoût pour la philosophie d'Aristote.

Comme il se doit également, de 1576 à 1579, il partit en France, dans la suite d'un ambassadeur, Amias Paulet, moins pour sa formation culturelle que pour sa formation juridique : avant d'entamer ses études de droit il était important qu'il acquît quelque connaissance dans le droit romain tel qu'il était pratiqué en France et qu'il apprît les langues, le français et l'italien. C'était aussi pour lui un moyen de s'initier à l'activité diplomatique. Le royaume de France était alors déchiré par les guerres de religion. Paulet confia au jeune homme quelques menues missions tout en veillant à la poursuite de son éducation. À cette fin, Francis quitta l'ambassade et fut placé chez un homme de loi français. Mais on lui refusa un voyage en Italie, où il aurait pu faire de mauvaises rencontres, les Catholiques restant influents même en Angleterre.

Si Francis eut le bonheur d'avoir Nicholas Bacon comme père, il eut le malheur de le perdre brutalement : il apprend sa mort en février 1579, alors qu'il est à Poitiers. Cette disparition fut de grande conséquence : d'une part, les fils du premier lit et du second lit se disputèrent l'héritage qui n'était pas si considérable quand on découvrit l'importance des dettes. Francis, étant le plus jeune, n'ayant hérité d'aucune terre ni d'aucune propriété, se retrouva démuni ; d'autre part, ses espérances dans une carrière d'État se trouvaient ruinées, les hautes fonctions d'un grand commis de l'État n'étant pas une chose qui se transmet par héritage. Francis n'eut d'autre ressource que d'entrer à Gray's Inn, l'une des écoles de droit où l'on formait les futurs juges et les futurs avocats, et où il avait été inscrit en même temps que son frère Anthony dès 1576, son père étant le trésorier de l'établissement depuis 1553. Tandis qu'Anthony séjournait en France avec pour mission plus ou moins officielle de collecter des informations utiles au royaume d'Angleterre, puis passait à Genève où il resta quelque temps auprès de Théodore Bèze, puis continuait de voyager en Italie et en France, assumant toujours sa fonction de demi-espion, Francis poursuivait sa formation juridique, tout en entamant des démarches auprès de son oncle William Cecil, lui demandant d'intercéder auprès de la reine pour qu'elle lui attribue quelque emploi dans les sphères de la justice qui le dispenserait de pratiquer le barreau : il ne s'engageait, disait-il, dans la carrière du droit que par nécessité.

En 1581, en faisant jouer des relations familiales, il est élu au Parlement qui se réunit pour une courte période. Il y est le témoin d'une passe d'armes entre la Reine et le Parlement. Il tente de s'introduire en cour et d'attirer l'attention d'Elisabeth. En 1584, il lui envoie une lettre concernant ses ennemis intérieurs et extérieurs, cherchant ainsi à faire valoir ses aptitudes de conseiller. Il recommande notamment la prudence sur le sujet de la dissidence des Puritains et la modération dans le traitement des Catholiques. En 1589, il reviendra dans une adresse à sa souveraine sur les querelles qui s'étaient envenimées entre les Puritains et l'église d'Angleterre, laquelle prétendait imposer aux non-conformistes les règles officielles. Au Parlement de 1593, il combattra de nouveau une mesure répressive que William Cecil voulait faire valoir contre les récusants, qui, catholiques ou dissidents, étaient soumis à des restrictions de droits.

Fin 1584, il retrouve un siège au Parlement nouvellement réuni (il sera membre de tous les Parlements durant le règne d'Elisabeth et, à l'exception d'un seul, durant le règne de Jacques Ier). Les affaires de religion restaient d'actualité et l'attaque contre les non-conformistes fut menée par l'archevêque de Canterbury, Whitgift, ce qui plaça Bacon dans une position délicate, sa mère ayant épousé la cause de la dissidence. Mais le plus important était le conflit récurrent entre le gouvernement royal et la chambre basse du Parlement, les Communes. Non que le Parlement manquât de loyauté envers la reine : il la défendit toujours contre les complots ou les menées séditieuses qui ne manquèrent pas à l'époque, et, en 1587, il pressa Elisabeth, qui hésitait à le faire, d'ordonner l'exécution de Marie Stuart (Bacon lui-même soutint dans un discours la décision). La source d'affrontement était la question des finances du royaume. Le gouvernement royal avait de gros besoins, notamment pour résister à l'expansion de l'Espagne, et tentait d'augmenter l'impôt. Le vote du Parlement était indispensable; or, si le gouvernement royal contrôlait assez bien la Chambre des Lords, il n'en allait pas de même pour les Communes qui résistaient à l'idée d'augmentations impopulaires et entendaient bien conserver tout un ensemble d'avantages fiscaux en partie hérités du système féodal. Présent dans tous ces débats, Bacon se fit remarquer par sa participation et par son éloquence.

En 1588, il devient *reader* de Gray's Inn et commence à donner des conférences sur des sujets juridiques. On lui confie à l'occasion quelques tâches, dont celle de participer à une commission de quatre juristes de Gray's Inn, chargée d'identifier les *statutes* qu'il importerait de réformer. Pour la première fois, il était amené à exercer une fonction (encore modeste) de conseil, en faveur de la Couronne.

C'est à peu près à cette période qu'il aurait composé un premier ouvrage qu'il évoque quarante ans plus tard, le *Temporis partus maximus*, peut-être une première version du *Temporis partus masculus* (à dater après 1605?) dans lequel il élabore le projet d'une réforme de la connaissance. Si cette hypothèse est juste, il faut conclure que parallèlement à la poursuite de ses ambitions civiles, il commençait de donner corps à une ambition d'une autre nature, une ambition proprement intellectuelle.

Le jeune Bacon aspirait à jouer un rôle d'importance, mais il n'avait pas les moyens de ses ambitions; et son intelligence, fût-elle remarquée, ne suffisait pas. Sa condition matérielle était médiocre, il avait des dettes; et, socialement, il ne jouissait pas de l'avantage d'appartenir à une grande famille nobiliaire. Il avait beau multiplier les discours quand le Parlement était réuni, inspirer des saynètes à Gray's Inn où il presse l'État de créer des institutions pour l'étude de l'histoire naturelle, sa carrière n'y gagnait rien. Il était donc condamné à chercher des appuis. Le patronage en apparence le plus accessible était celui de son oncle, William Cecil Burghley, qui par ses hautes fonctions était un proche de la reine. En 1592, alors qu'il a dépassé l'âge de trente ans, et se refusant toujours à la pratique du droit, Francis fait de nouveau appel à lui, le priant de l'aider à accéder à une position qui fut en proportion de sa qualité et du grand projet spéculatif qu'il était en train de former. Mais l'oncle était beaucoup plus soucieux de promouvoir son jeune fils, Robert Cecil, lequel remplaça son père en 1598 et devint Secrétaire d'État sous la fin du règne d'Elisabeth et au début du règne de Jacques Ier. Peut-être, Francis excitait-il la méfiance : s'il eût été simplement un arriviste voulant faire carrière, il aurait pu être soutenu ; mais, pour se faire valoir, il se piquait de grands projets et de grandes réformes que beaucoup, et la reine elle-même, n'étaient pas prêts à envisager. Parmi ces travaux, il faut mentionner *A Collection of some principal rules and maxims of the common laws* (1596-1597), présenté comme un petit traité juridique visant à favoriser l'étude des lois du royaume.

L'impasse. L'affaire Essex

À partir de 1590, il devient le familier de Robert Devereux, le second comte d'Essex, personnalité brillante, impétueuse et présomptueuse, homme de grande culture, poète à ses heures, éminent homme de guerre et... devenu le favori d'Elisabeth avec laquelle il entretenait des relations qui n'étaient pas sans nuages. Il semble que l'estime qui rapprocha les deux hommes ait été sincère et réciproque. Essex ne ménagea pas ses efforts pour favoriser la promotion de Bacon, lequel joua un rôle important dans le réseau politique d'Essex, lui-même en rivalité avec les Cecils, ce qui mettait parfois notre philosophe dans une situation délicate.

En 1593, le gouvernement royal a de nouveau besoin d'argent pour soutenir sa politique étrangère et il demande au Parlement de voter un triple subside (impôt sur les personnes établi sur leurs signes de richesse), payable sur seulement trois ans, alors que la coutume, en la circonstance, affectait deux ans à chaque subside, ce qui revenait à doubler la somme payée chaque année ; et il tente d'imposer, au détriment de la prérogative des Communes, une réunion commune des deux chambres pour le vote de cette imposition exceptionnelle. Les Communes protestèrent et Bacon, dans un discours très remarqué, se fit l'avocat du mécontentement, ne discutant pas la somme, mais la durée, mesure propre, selon lui, à susciter la colère populaire. La réaction de Burghley, grand trésorier du royaume, fut extrêmement vive et la Reine ne pardonna pas à Bacon cet affront. Bacon se défendit en vain, déclarant qu'il avait suivi sa conscience et l'idée qu'il se faisait du bien du pays.

Il tente de rentrer en grâce avec les moyens dont il dispose : son intelligence et sa plume. Déjà, en 1592, dans un petit traité, *Certain observations upon a libel*, il avait défendu la reine et ses droits contre les attaques d'un publiciste catholique. Mais en 1593, Essex l'encourage à solliciter le poste vacant d'Attorney-General. Or les Cecils soutiennent la candidature de Sir Edward Coke, éminent juriste, son aîné de dix ans. Elisabeth choisit finalement Coke. Bacon ne parvenait pas à regagner la faveur de la reine. Sans pour autant concrétiser positivement ses faveurs, celle-ci consent néanmoins à lui attribuer un rôle de conseil extraordinaire et, par ce biais, à lui demander d'exécuter quelques tâches en faveur de la Couronne (enquêter sur une rumeur de conspiration, etc.). Il est également appelé à participer à l'interrogatoire, éventuellement sous la torture, de prisonniers dans la Tour de Londres. Il interviendra au Parlement de 1601 pour défendre la prérogative de la reine concernant les monopoles que le pouvoir royal avait le droit de créer (et dont il abusait) : en cas d'abus, rappelle Bacon qui ne variera pas sur ce point, le Parlement peut certes élever une pétition, mais la reine reste maîtresse de sa prérogative, elle a le pouvoir de rendre libre ce que la loi restreint et de restreindre ce que la loi laisse libre.

Essex revint à la charge auprès de la reine (avec laquelle il entretenait des relations passablement orageuses) afin d'obtenir pour son protégé le poste de Solicitor-General que Coke laissait vacant ; mais le poste fut accordé à un autre. En compensation, Essex offrit à Bacon une terre.

Bacon n'était pas homme à se décourager. Il rédigea pour la reine un traité resté à l'état de manuscrit et publié seulement en 1630, sur le droit commun, *The elements of the common law of England*. En 1697 il accède à la gloire littéraire avec la publication des *Essays*. À titre de conseil extraordinaire, la reine le consulte dans les causes qui intéressent le royaume et lui demande parfois de les défendre. Il arrive qu'elle s'invite à dîner. Bacon est aussi amené à jouer le rôle d'intermédiaire discret entre la souveraine et son favori. Mais ce mélange de familiarité et de distance ne lui apportait toujours rien. Et ses affaires ne prospéraient pas.

En 1596, Essex à la tête d'une expédition contre l'Espagne avait pris Cadix et était revenu auréolé de gloire. Elisabeth prit de l'ombrage de sa popularité et Bacon incita son protecteur à la prudence dans ses querelles avec la souveraine. Essex n'en tint pas compte. Une seconde expédition contre les Espagnols n'ayant pas rapporté tous les avantages attendus, Essex tomba en disgrâce. La reine alla jusqu'à le gifler en plein conseil. Après une réconciliation temporaire, il exigea le gouvernement de l'Irlande. Essex obtint le commandement auquel il aspirait, et partit en mars 1599. En Irlande, il se montra piètre administrateur et surtout il prit des libertés avec les ordres de la reine. De plus, dans la guerre avec les rebelles, dirigés par le comte de Tyrone, il perdit les trois quarts de ses troupes et dut capituler. Quittant brusquement son commandement, il reparut devant la reine qui ne l'avait pas convoqué. Sous la pression du secrétaire d'État Burghley, Essex reçut l'ordre de garder les arrêts dans la maison du Garde du Sceau, Thomas Egerton. Bacon lui prodigua de nouveau ses conseils, mais se garda de le voir et de prendre publiquement sa défense. Il tentait d'adoucir la reine, qui réunit la Chambre étoilée (haute cour de justice qui était de fait une cour d'exception dévouée au pouvoir royal) pour que fût rendue une déclaration publique sur la conduite d'Essex en Irlande. Bacon s'abstint de paraître à la réunion. Essex tomba alors gravement malade et la reine lui permit de rentrer chez lui, mais avec ordre de ne rencontrer personne de ses amis. La reine réunit une commission composée de membres du conseil privé et des cours de justice, au nombre desquels se trouvait Bacon qui ne put se dérober. Essex comparut pour entendre les charges que devaient produire contre lui, plusieurs personnes, dont Bacon lui-même, à titre de sa fonction de conseil. Bacon s'efforça de s'exprimer avec modération et d'atténuer la sanction. La sentence fut une simple censure de la conduite du comte, qui devait en conséquence perdre ses emplois et garder chez lui les arrêts tant qu'il plairait à la reine ; laquelle ordonna à Bacon de rédiger une relation de ce qui s'était passé (une relation évidemment favorable au pouvoir). Essex recouvra sa liberté, mais continua d'intriguer. La reine lui ayant refusé le renouvellement du fructueux monopole sur les vins doux, il leva avec quelques amis l'étendard de la révolte. L'insurrection éclata le samedi 8 février 1601 ; elle fut rapidement réduite et Essex, pris les armes à la main, fut accusé de haute trahison. Perfidement, la reine commit à son conseil extraordinaire de soutenir contre Essex une accusation capitale et donc de requérir la mort de son ancien ami et bienfaiteur. Bacon s'exécuta. Essex eut la tête tranchée dans la tour de Londres, le 25 février 1601. Il avait trente-quatre ans et il avait conservé la faveur du peuple. La reine fit rédiger à Bacon une apologie du gouvernement où il dut flétrir la mémoire d'Essex. Réprouvé par ses pairs, poursuivi par la haine du peuple, rejeté par la reine, Bacon dut quitter Londres. Il rédigea en 1604 une apologie où il revint à ce qu'il avait écrit à Essex : il faut être un *bonus civis* avant d'être un *bonus vir*, servir le bien du pays (la cause d'Essex était indéfendable) avant de servir le bien de ses amis.

Après la mort d'Essex, et toujours en quête de patronage, Bacon tente de se rapprocher de son cousin, Sir Robert Cecil qui a succédé à son père. Mais en mars 1603, Elisabeth meurt, cédant ainsi le trône à son neveu, Jacques VI, roi d'Écosse, fils de Marie Stuart, qui fut fait Jacques I er d'Angleterre.

UNE LENTE ASCENSION

En 1603, Bacon a quarante-deux ans. Sa situation matérielle est toujours délicate. Son image est celle d'un infatigable courtisan dont la reine s'est jouée pour servir ses propres desseins. Il n'a rien obtenu d'elle sinon ce rôle de conseil qui permet à sa souveraine de l'employer pour défendre des causes qui ne sont pas toujours bonnes. Mais il n'est pas plus populaire chez les adversaires de la cour. Quiconque médite sur la fortune pourrait estimer que Bacon est ainsi puni par où il a péché. Mais la chose n'est pas si claire : il est en effet des cas où ce que l'on doit à la société civile entre en conflit avec ce que l'on doit à ses amis. Et, à défaut d'avoir su résoudre ce problème moral, le futur Chancelier ne laisse pas de faire preuve de rigueur politique : il reste constant dans ses conseils et dans ses opinions. D'une part, ce n'est pas un homme de parti : il sert la reine et il sert le Parlement, ct, partagé entre les deux, il a toujours le souci de déterminer le droit. D'autre part, analyste lucide, il perçoit ce qui menace de l'intérieur l'équilibre politique de l'Angleterre et ce qui, un demi siècle plus tard, mènera à la révolution de 1648. En elle-même, l'aventure d'Essex appartient à un autre âge, et Bacon avait tenté d'en prévenir l'intéressé. L'essentiel est la tension entre le gouvernement exercé par la reine et ses ministres et la Chambre des Communes dont l'esprit d'indépendance s'accroît. Parlementaire, le futur Chancelier défend en 1593 la prérogative des Communes, quand William Cecil tente de contrôler le pouvoir dont elles disposent de voter les subsides ; conseiller de la reine, il défend en 1601 sa prérogative dans l'exécution de la loi. Et dans les querelles religieuses, il se garde de prendre parti pour souligner les effets dommageables des excès de part et d'autre. Mais, malheureusement, les affaires politiques et religieuses laissent peu de place à l'intelligence, à la prudence et à la médiation. Et Bacon ne disposait pas d'assez d'autorité pour être écouté. Pour cela il lui fallait accéder à une fonction éminente, mais pour y parvenir il lui fallait servir sa souveraine ou ses intermédiaires.

L'avènement de Jacques Ier donna un nouveau cours aux espérances de Bacon qui s'empressa d'offrir ses services au nouveau roi. Pour témoigner de son zèle, il publia au printemps 1603 *A brief discourse touching the happy union of the kingdoms of England and Scotland* où il conseillait au nouveau roi, philosophie à l'appui, de procéder avec prudence dans le rapprochement des deux royaumes. Il multiplie les écrits sur cette question d'actualité, le texte le plus important étant *A preparation toward the union of laws* (vers 1607-1608). La même modération inspire un autre mémoire publié en septembre de la même année, les Puritains ayant retrouvé de la vigueur, *Certain considerations touching the better pacification and edification of the Church of England*.

Ses difficultés financières avaient été réelles (les poursuites d'un usurier l'avaient même conduit quelques jours en prison), mais sa situation matérielle vint à s'améliorer sensiblement. Anthony meurt en 1601 et Francis hérite de lui le manoir familial de Gorhambury, qui devient sa résidence de campagne. Gorhambury qui avait été construit par Nicholas, avec les matériaux des ruines de l'abbaye de Saint Albans, se trouve près du site de la ville romaine disparue de Verulamium. Il avait aussi sollicité la main de Lady Hatton, veuve riche et belle, fille de Thomas Cecil, qui lui préféra Coke alors âgé de 50 ans et qui était fort riche. Bacon épouse donc en 1606, à l'âge de 45 ans, Alice Barnham, une très jeune fille, qui n'était pas sans revenus. Ce fut un mariage d'intérêt sans engagement affectif (Bacon était soupçonné d'homosexualité).

Jacques Ier n'avait pas les mêmes préventions envers Bacon qu'Elisabeth. Il le fait chevalier en juillet 1603, il est vrai avec trois cents autres personnes, lors d'une unique cérémonie. En 1604, il lui accorde la charge (encore modeste) de conseiller ordinaire au Learned Counsel, assortie d'une pension à vie. Bacon continue de participer activement à la vie parlementaire où il soutient la cause royale et rédige des mémoires sur la juridiction du Conseil provincial du pays de Galles, sur le système juridique, etc.

Parallèlement, c'est à la même époque qu'il travaille sur son projet philosophique (*Valerius terminus* (1603) ; *Cogitationes de scientia humana* (1604), *Cogitationes de natura rerum* (1604) et il fait paraître en 1605 *The two books of Francis Bacon : of the proficiencie and advancement of learning*. L'ouvrage est dédié au roi. Mais l'ouvrage tombe au moment de la conspiration des poudres et n'obtient pas l'écho qu'en attendait son auteur.

Enfin, il obtient en 1607 le poste de *Solicitor-General*, une fonction qui consistait principalement à préparer et suivre les dossiers concernant les cours royales. Ce ne peut être qu'une première marche. Il continue de servir la cause royale quand le Parlement est réuni et il revient à la charge pour obtenir le poste d'*Attorney-General*. Il s'efforce de se rendre indispensable. Et c'est en 1613, après la mort de son cousin, Robert Cecil, comte de Salisbury (dont il livre au roi un portrait vengeur), et la mise à l'écart de Coke qui lui rendra plus tard la monnaie de sa pièce, qu'il accède enfin à cette position tant convoitée et fort lucrative. Sa première tâche fut de donner un coup d'arrêt à la nouvelle pratique à la mode, le duel, et il récapitula sa position sur le sujet dans un document. Par ailleurs, dans cette nouvelle fonction, il se fait l'avocat d'une réforme des lois pénales et, plus audacieusement, d'une révision générale de la *common law*.

Bacon est alors entièrement engagé dans la vie politique du pays et n'a plus les loisirs qu'il avait connus, quand, du 25 au 31 juillet 1608, il avait rédigé, sous forme de notes personnelles, le *Commentarius solutus*, une sorte d'état de sa vie et de ses affaires, au moment où il accédait à la fonction de secrétaire de la Chambre étoilée, dix-neuf ans après y avoir été nommé, le titulaire en étant enfin décédé, fonction à laquelle était attachée une pension substantielle. Il avait alors dressé l'état de sa fortune, multiplié les résolutions, précisé une liste d'objectifs à atteindre, d'actions à mener en politique, envisagé les contacts à

prendre pour faire aboutir ses projets de philosophie naturelle,
fixé un programme pour l'étude des mouvements dans la nature,
établi la liste des dispositions institutionnelles à prendre pour
mener à bien la réforme des sciences, etc. Pendant le même
temps il faisait circuler les *Cogitata et visa*, qui annoncent directement ce que sera le premier livre du *Novum organum*. En
1609, avait paru *La sagesse des Anciens*, une interprétation de la
mythologie antique.

En 1614 se produit un événement important : apparaît dans
l'entourage du roi un jeune homme de vingt et un ans, qui allait
très rapidement devenir le favori du roi, Georges Villiers, futur
duc de Buckingham. À bon escient cette fois, Bacon s'attacha
à Villiers qui acquit très vite une influence déterminante sur
la cour et le gouvernement. Il écrira pour lui un *Advice to sir
G. Villiers*, sorte de manuel de pratique de gouvernement dont
les considérations morales et politiques, fort méritantes, ne
furent pas vraiment entendues par le destinataire. En février
1616, il obtient la promesse royale qu'il accédera à la Chancellerie. En juin 1616, il est fait membre du Conseil privé et
entre ainsi dans le cercle restreint du gouvernement royal, mais
cela supposait qu'il conservât constamment la faveur du roi
et de son favori, une faveur jamais totalement acquise, en se
montrant toujours utile. Il sut tirer profit des intrigues de la cour
et résoudre des cas délicats où dans ses fonctions de procureur il
devait défendre la cause du roi et où la justice ne trouvait pas
toujours son compte. Il dut ainsi poursuivre des personnes qui,
tombées en disgrâce, avaient été connues de lui : Somerset
ou Walter Raleigh qui, sacrifié à l'entente entre l'Angleterre et
l'Espagne, fut exécuté après son échec en Amérique latine.
Coke, ayant de solides appuis, résista mieux mais se trouvait
provisoirement écarté, ce qui renforçait la position de Bacon, du
moins aussi longtemps que le pouvoir royal lui-même paraissait

se renforcer. Bacon, au mois de mars 1617, devient *Lord Keeper of the Great Seal*, accédant enfin à la position qui avait été celle de son père, et à la mort du titulaire en place, il est fait, au début de 1618 Lord Chancellor. Au mois de septembre 1618, ayant acquis la pairie, il devint Lord Verulam, le nom sous lequel il sera désormais connu. Il est parvenu en haut de l'échelle.

LA CHUTE

Bacon allait faire l'expérience qu'on tombe très vite d'une échelle. Pendant trois ans, il remplit sa tâche de Chancelier, conseilla le roi sur des sujets très divers, posa des plans de réforme du système de justice ; et il fit paraître en 1620 le *Novum organum*. Rien ne paraissait devoir ralentir son activité. Mais sa position reste fragile, pour plusieurs raisons. D'abord, son image publique s'érode, celle de la suffisance qui suit de l'exercice du pouvoir ; son éloquence même finit par lasser ; ensuite, il se fait nombre d'ennemis, victimes à des degrés divers des poursuites engagées par la Chancellerie (et ce n'était pas toujours à l'initiative de Bacon) et le roi n'est pas insensible aux réclamations ; en outre, jouant le rôle du tiers dans la relation entre le roi et Buckingham, il peut se trouver en difficulté avec ce dernier, ce qu'il doit rattraper à force de complaisance ; par ailleurs, les tensions entre les différentes cours de justice lui attirent l'inimitié des juges des cours de la *common law* – sans parler de ses projets de réforme du droit ; enfin, il est dépendant du roi dont le pouvoir n'est pas absolu. Et c'est par là que va se faire sa chute. Le roi n'est fort que lorsqu'il n'a pas à réunir le Parlement. Or, en janvier 1621, en partie sur les conseils de Bacon, Jacques Ier réunit enfin, sept ans après le précédent, un nouveau Parlement. Bacon avait fourni le canevas de la proclamation adressée par le roi au peuple du royaume. Jacques Ier ouvrit la session, rendit compte de son administration afin d'obtenir à nouveau des subsides, en contrepartie de quoi il se déclara prêt à connaître tous les griefs. Le Parlement, animé notamment par Coke, l'ennemi de toujours de Bacon, et travaillé par les Puritains, accorda des subsides mais exigea qu'on répondit à ses griefs qui portaient sur la multiplication des actes de prérogative, les impôts, l'indulgence, réelle ou supposée, envers les Catholiques, ou le rapprochement avec l'Espagne. Mais c'était surtout l'abus des monopoles, une source facile d'enrichissement, accordés aux personnes bien en cour, et plus particulièrement à l'entourage de Buckingham, qui passa au premier plan. On éleva des plaintes contre les cours de justice et principalement contre la cour de la Chancellerie, laquelle, rappela-t-on, devait en toute décision du gouvernement faire entendre la voix du droit. Buckingham directement intéressé par l'affaire des monopoles fit sacrifier quelques personnages secondaires et laissa la colère des parlementaires se fixer sur Bacon. Les choses ne traînèrent pas et en trois mois menèrent à la déchéance du Chancelier. Une commission d'enquête sur les abus des cours de justice fut créée, l'instruction fut rondement menée et Bacon se retrouva la principale cible de l'accusation. Il ne semble pas que Bacon se fût excessivement enrichi personnellement (à la différence de son proche entourage), mais il avait couvert les agissements du roi et de son favori. Sentant le danger, le roi laissa faire. Bacon déclara qu'il était prêt à reconnaître ses fautes, s'il en avait commis, et fit sa soumission dans une lettre lue devant la Chambre des Lords, se déclarant prêt à remettre le grand sceau. Des témoins, pas tous recommandables, vinrent dire les pots de vin qu'ils avaient dû verser. Il fut déclaré coupable de corruption (il ne fut jamais accusé d'avoir perverti la justice), condamné à payer quarante mille livres sterling d'amende, à demeurer prisonnier de la Tour de Londres tant que ce serait le bon plaisir du roi, et déclaré interdit à l'avenir de toute position publique. Le procès était largement pipé et chacun retourna ensuite à ses occupations. Bacon n'avait commis que ce que toute personne en sa position pratiquait ordinairement, eu un temps où la corruption faisait partie de la vie publique et était un moyen de gouvernement.

Le roi se montra clément : Bacon ne resta que deux jours à la Tour de Londres, se vit remettre son amende, mais fut assigné à résidence chez un officier du prince de Galles. Infatigable, il ne cessa de demander une grâce entière et multiplia les démarches et les lettres à cet effet. Enfin, en 1624, le roi le releva de toutes les incapacités auxquelles il avait été soumis. Il fut convoqué à la session suivante du Parlement, mais ne réapparut pas à la Chambre des Lords. Il fit au roi de nouvelles propositions sur le système de la justice, il fut consulté sur des problèmes de politique étrangère, il écrivit un texte inachevé, *Dialogue sur la guerre sacrée*, qui porte sur la croisade contre les musulmans. Il se proposa de composer un digeste des lois anglaises, *An offer of a digest to be made of the laws of England*. Sa déchéance n'avait pas ralenti son activité.

Mais ses affaires domestiques allaient mal, la pension versée par le roi tardait à arriver, sa femme dépensait sans compter et lui-même conservait un train de vie au dessus de ses moyens. Il dut vendre la maison familiale où il était né, à Londres, York House, qui devint la résidence de Buckingham, il emprunta sur Gorhambury et dut se contenter du logement à caractère professionnel qui lui avait été conservé à Gray's Inn. Sur les terrains dépendants de cet établissement, il fit tracer des allées et planter des arbres.

Il profite de ses loisirs forcés pour écrire l'*Histoire du règne d'Henri VII*, en espérant poursuivre jusqu'au règne d'Elisabeth, il publie en 1623 la version latine augmentée de *The advancement of learning*, le *De augmentis*; il poursuit ses travaux d'histoire naturelle : en 1622 paraît l'*Histoire des vents*, en 1623, l'*Histoire de la vie*, il travaille sur d'autres histoires et rédige le recueil de la *Sylva sylvarum*. Il commence aussi la rédaction de *La nouvelle Atlantide* et assure la dernière édition des *Essays*.

Bacon avait toujours été de santé fragile, mais elle devint mauvaise en 1625. Selon les chroniqueurs, il aurait pris froid le 2 avril 1626, en se livrant dans les environs de Highgate, par un temps de neige, à des expériences sur la conservation par le froid de la viande de poulet. Saisi de vomissements et trop faible pour voyager, il se réfugie dans le château de Lord Arundel, non loin de Londres, en l'absence du propriétaire, et c'est là qu'il meurt le 9 avril 1626.

L'histoire est belle. Pourquoi ne pas la croire? Elle nous réconcilie avec l'homme, un homme, il est vrai, bien embarrassant pour qui est honnête. En effet, il faut agir, mais comment concilier la morale privée et la morale publique? Il faut faire œuvre, car il serait trop facile pour un philosophe de s'accorder le luxe de la critique sans rien faire de ses mains, mais comment faire œuvre sans se donner le pouvoir correspondant? Il faut réformer la connaissance, la *common law*, les institutions, il faut, certes, penser sur un mode rationnel ces réformes, mais une réforme qui ne connaît pas un début d'exécution n'est rien, mais, alors, comment l'engager sans aller jusqu'au bout et comment, quand on est conseiller du roi et ministre de la justice, éviter les bassesses ou les compromissions d'un pouvoir dont on n'est pas le maître dernier? Que celui qui est capable de répondre à ces questions jette la première pierre !

LA PENSÉE DE BACON

Dans la « grande préface » et la *Distribution de l'œuvre* qui précèdent le *Novum Organum* (1620) mais qui devaient servir d'introduction générale, Bacon présente la fin et le plan de son entreprise, qu'il nomme la *grande restauration* (*instauratio magna*). Le projet en avait déjà été annoncé dans des fragments écrits vers 1606-1607 : la *Partis instaurationis secundæ delineatio et argumentum* et la *Scala intellectus sive filum labyrinthi*.

Il ne s'agit point de restaurer un savoir perdu, comme les Renaissants avaient cru pouvoir le faire en renouant avec la science et la sagesse antiques, se bornant ainsi à disposer de manière nouvelle un savoir déjà inventé par les Grecs et épuisant toute la force de leur esprit dans un art, la dialectique, un art plus propre à transmettre des opinions qu'à découvrir des vérités, mais bien d'instaurer un esprit nouveau pour une science nouvelle, libre de l'autorité des maîtres et échappant à l'administration du savoir par la gent professorale, experte en questions, en arguments et en systèmes. Nouveauté d'une instauration qui est une restauration à partir des choses mêmes et qui, ne pouvant être l'œuvre d'un seul, n'a son sens que par la longue patience des siècles (IM, préf., 14, 68).

On peut distinguer quatre sortes d'esprits qui font obstacle au travail du temps (IM, préf. 14-18, 68-70) : 1) ceux qui, quel que soit leur talent propre, se soumettent au jugement du siècle et de la multitude; 2) ceux qui expérimentent par eux-mêmes, mais pratiquent une expérience qui s'ajoute sans augmenter la connaissance; 3) les partisans de la liberté, mais qui, faute d'employer la vraie méthode, « pratiquent une sorte d'enquête errante, sans règle sûre, cherchant « des expériences fructueuses et non point lumineuses »; 4) enfin les dialecticiens qui se présentent comme les maîtres de la méthode, une méthode qui s'applique parfaitement à tout ce qui est matière d'opinion ou de discussion, mais qui est impuissante à rivaliser avec la subtilité de la nature. Il faut donc que l'esprit humain s'humilie devant la nature, que cessant de s'éprendre de lui-même il reste parmi les choses, et que l'art et la méthode, tant dans l'invention que dans l'exposition, tirent de l'objet à connaître les voies de la vérité.

Dans la *Delineatio*, reprise dans la *Distributio operis*, Bacon annonce clairement le plan de l'œuvre à réaliser. Elle est composée de six parties. La première dresse le bilan du savoir déjà en possession du genre humain « dans le but de permettre l'achèvement de l'ancien et l'accès au nouveau » (DO, 26, 75). La seconde a pour objet d'enseigner comment par l'emploi de sa raison se mettre à la mesure des choses à connaître, et pour utilité d'apporter à l'esprit des aides véritables (le nouvel organon). La troisième est consacrée à l'histoire naturelle qui a pour tâche d'embrasser les phénomènes de la nature. La quatrième, s'appliquant aux « tables d'invention » (NO, I, 117), fournit à titre d'éclaircissements préalables des exemples de la méthode en action, telle qu'elle a été formulée dans la seconde partie. La cinquième partie a pour rôle de présenter à titre provisoire certains premiers résultats obtenus « selon l'emploi ordinaire de l'entendement », mais vérifiés et fixés par la méthode (Del., 547, 263 b). Elle disparaîtra quand l'œuvre véritable sera engagée.

La sixième partie entre enfin dans le travail proprement dit de la connaissance, une tâche qui ne saurait être l'œuvre d'un seul.

Bacon présente ainsi un programme et non un système, une méthode et non une doctrine, une suite d'opérations de l'esprit et non la connaissance accomplie, le commencement de l'entreprise et non son achèvement. La philosophie est le terme à atteindre, elle ne saurait anticiper sur la nature, c'est de la nature elle-même qu'elle doit tirer tout son savoir.

LA PREMIÈRE PARTIE DE L'*INSTAURATIO MAGNA*

Bacon n'est pas Descartes. La première partie de l'*Instauratio magna* a pour mission d'exposer « la somme ou la description générale de la science et de la doctrine qui sont déjà en la possession du genre humain » (DO, 26, 134). On ne commence jamais absolument ; on ne saurait non plus prétendre tout recommencer. Le philosophe appartient à une communauté humaine : d'autres viendront après lui qui poursuivront l'entreprise ; mais lui-même doit à ceux qui l'ont précédé et qui ont tenté avant lui de satisfaire, avec leurs savoirs mais aussi avec leurs préjugés, à l'utilité des hommes. Il y a trop de hasard dans la singularité d'un homme, fût-il un génie, et surtout on se trompe de guide : car ce n'est pas auprès d'un homme qu'on doit s'instruire de la nature des choses, mais c'est auprès de la nature elle-même ; et cela requiert toutes les énergies du genre humain. Bacon n'a jamais péché par modestie et il est fort conscient de son rôle, mais il se veut non pas l'inventeur de vérités premières, mais un découvreur ouvrant les chemins de la connaissance, ses propres travaux étant à replacer dans l'œuvre collective à venir. Le propos inaugural n'a donc de force et de validité que par l'exécution qui en sera apportée au fil du temps par la communauté scientifique. Et l'ordre encyclopédique qu'il faut d'abord brosser annonce une tâche longue et variée. À l'objection que la matière est si vaste qu'il paraît impossible de l'embrasser, il suffit de répondre : « Je regarde comme possible, comme faisable, tout ce qui peut être exécuté par certains hommes sans pouvoir l'être par toutes sortes de gens ; par plusieurs individus réunis, sans pouvoir l'être par un homme isolé ; par la succession des siècles, sans être possible à un seul siècle ; enfin par les soins et les dépenses publiques, sans être à la portée des moyens et de l'industrie des particuliers » (AL, 61 ; DA, 54 b).

La traditive (traditiva)

Pour croître, le savoir des hommes doit pouvoir être transmis ; on ne saurait se dispenser d'une tradition. À ce titre, le savoir est d'abord un objet de mémoire, et il y a un art de retenir comme il y a un art d'inventer (DA, V, 5). Dans cet art qui dépend étroitement de l'écriture, rien n'est plus utile, touchant les sciences anciennes et populaires (celles qui sont héritées), qu'une collection nourrie et bien dirigée de lieux communs, employant non des divisions banales et érudites, mais des « divisions qui pénètrent en quelque manière que ce soit, dans l'intérieur, dans la moelle même des choses » (DA, 647, 145 b). Et Bacon appelle de ses vœux un art de la mémoire qui ne surchargerait pas l'esprit, mais qui serait reçu en raison de son utilité, un art qui s'appuie sur deux moyens principaux : la prénotion, c'est-à-dire une idée anticipée qui sert à resserrer et à limiter une recherche qui autrement serait sans fin, et l'emblème qui rend sensibles les choses intellectuelles.

Mais on se souvient, non seulement pour conserver, mais aussi pour transmettre. À l'art de la mémoire il faut joindre la traditive (DA, VI, 1). Et la transmission repose sur trois choses : l'organe du discours qui est le véhicule des pensées humaines (d'où la grammaire qui a deux usages : l'apprentissage des langues et un usage plus philosophique où l'on observe non l'analogie des mots entre eux, dans différentes langues, mais l'analogie des mots et des choses); ensuite, la méthode du discours, laquelle est traitée dans la dialectique (méthode d'enseignement et de diffusion, ce qui revient à l'assimiler à la rhétorique); et enfin l'embellissement ou l'ornement du discours (d'où la rhétorique ou l'art oratoire dont l'objet est « d'appliquer et de faire agréer à l'imagination les suggestions de la raison, afin d'exciter l'appétit et la volonté » (AL, 127; DA, 157 b)).

Les ouvrages à caractère encyclopédique n'avaient pas manqué avant Bacon. Ils employaient un mode de transmission à la fois érudit et doctrinal. L'érudition se traduit par l'accumulation des sources grecques et latines; la transmission doctrinale se fait dans des sommes ou des manuels recevant une forme dialectique. Le retour à la sagesse antique durant le XVIᵉ siècle et l'immense entreprise de recueillement et de collation que ce retour impliquait s'étaient, chez un Agricola ou un Melanchthon, accompagnés d'un effort de systématisation, les dialecticiens nourrissant eux aussi l'ambition de faire apparaître, à la faveur de l'enregistrement et du classement des connaissances héritées de l'Antiquité, les manques autant que les acquis.

Or Bacon ne laisse pas de faire une critique sévère de cette « humeur peccante » qu'est la *reductio doctrinarum in artes et methodos*, c'est-à-dire l'esprit de système : quand il est mis en aphorismes et en remarques détachées, le savoir progresse ; mais quand il est enrégimenté dans des corps de doctrine, ramené à des méthodes et réduit à des règles, il prend certes un tour plus achevé, mais il ne progresse plus (AL, 124; DA, 154 b). Pire :

« une fois qu'une distribution des sciences et des arts particuliers a été faite, les hommes quittent le niveau de la généralité, celui de la *philosophia prima*, ce qui ne peut manquer d'arrêter tout progrès » (AL, 30 ; DA, 34 b). Un ordre partiel est pris pour l'ordre universel, un ordre daté est pris pour la mesure de l'avenir.

L'ordre de la connaissance

Toute saisie d'un divers demande un ordre qui en facilite l'enregistrement et qui le mette à disposition, ordre qui, précisément, doit permettre d'établir les acquis et de relever les carences. Mais où trouver le principe de cet ordre ? Si on prétend l'inférer du savoir en usage, il en réfléchira les limites, il sera à l'image du siècle, il ne pourra dire la vocation du futur. Si on prétend le déduire abstraitement de la raison humaine, celle-ci étant elle-même le fruit du siècle, on aura le double inconvénient d'user d'un artifice et de masquer par cet artifice les préjugés dont on est victime. Comment est-il donc possible de s'affranchir de son temps ?

Bacon revendique le mérite d'un ordre de la connaissance entièrement différent de celui retenu par ses prédécesseurs, d'un ordre nouveau à la fois par les fins poursuivies et par l'élargissement de la connaissance à des matières qui n'étaient pas comprises jusque-là (DO, 27, 76). Plusieurs raisons peuvent justifier cette prétention.

La première consiste à rappeler dans quel esprit la tâche est entreprise : en effet, sans l'amour de la connaissance, les hommes ne sauraient progresser dans les sciences et dans les arts. La première partie de *The advancement of learning*, traduite dans la première partie du *De augmentis*, s'attache longuement à lever tous les préjugés qui font obstacle. Entre lesquels, on trouve un

respect si outré de l'Antiquité qu'on la pare de tous les privilèges, et qu'on croit qu'il est impossible d'en égaler la grandeur
et de rien trouver aujourd'hui de proprement nouveau. Mais la
déférence légitime qu'il faut marquer envers l'Antiquité se
ramène à ceci : « les hommes doivent y remonter et de là-haut
découvrir quel est le meilleur chemin ; mais une fois ce chemin
trouvé et pris, il faut y avancer » (AL, 28, 41).

La deuxième raison porte sur l'objet poursuivi : non pas tant
présenter un système encyclopédique, que poser un diagnostic
résolument tourné vers l'avenir ; et de telle sorte que la distribution du savoir qu'on propose puisse progresser avec le savoir
lui-même et que ses partitions, si précises qu'elles puissent
paraître, soient le signe actif de la tâche à poursuivre. Loin de
privilégier l'exposition au détriment de l'invention, il faut faire
de la première le moyen de la seconde ; ou, en d'autres termes,
non point dresser un bilan pour lui-même, mais avancer des
remèdes et ouvrir des voies nouvelles. Certes, un bilan encyclopédique peut soulager la mémoire et satisfaire la curiosité, mais
on ne ferait que répéter ce qui est déjà connu et ajouter à des
savoirs déjà constitués. Tout diagnostic est un acte de la raison :
en déterminant ce qui est déjà connu, on annonce ce qui est à
connaître (DO, 27, 75-76). Ce qui suppose une propédeutique
des signes, puisqu'il s'agit moins de dénoncer comme le font les
sceptiques les carences des savoirs en usage que de tirer de leur
examen l'indication des connaissances et des arts qui sont à
améliorer ou même à inventer entièrement.

À cet effet, et c'est une troisième raison, la plus importante,
on emploiera une méthode entièrement nouvelle, celle de
l'interprétation de la nature, qu'on ne saurait comparer avec les
autres (NO, I, 6). Pour bien marquer cette différence, Bacon
emploie dans le *Novum organum* le mot *methodus* pour désigner
ces nombreuses constructions dont ses contemporains étaient

friands et l'expression cicéronienne *via et ratio* pour désigner sa propre méthode, la méthode de l'induction.

Cette méthode nouvelle a pour objet de conduire de la mémoire à la raison. La mémoire est indispensable ; et il est légitime de lui apporter des aides propres à accroître son usage propre. Mais on ne saurait s'arrêter à elle et il faut chercher en elle les germes de la raison. Bacon le dit fort bien lorsqu'il introduit une distinction nouvelle dans le *De augmentis* qui n'était pas dans *The advancement of learning* : la distinction entre l'histoire naturelle narrative et l'histoire naturelle inductive. La première est fort ample par sa masse, fort agréable par sa variété, et même d'une exactitude souvent minutieuse. Mais elle est encombrée de fables, de commentaires, de citations inutiles, etc., puisqu'on ne sait quel usage en faire ni quel avantage en retenir en faveur de la connaissance.

Si donc le premier travail de la connaissance est de recueillir et de fixer dans la mémoire les productions humaines, et la fonction encyclopédique répond à cette fin, ce doit être néanmoins pour que l'esprit les passe en revue et les « digère », d'abord pour s'en jouer librement dans des fictions (ce que fait l'imagination), ensuite et surtout pour en faire la matière inductive de l'activité rationnelle (DA, II, 1).

La division des sciences et des arts

Toutefois, même en accordant qu'il faille recueillir les *particularia* (le divers des choses et des faits) en vue d'en chercher les causes dans l'explication, la difficulté reste entière : comment être assuré que la méthode employée pour instruire l'état présent du savoir soit bien au service de l'interprétation de la nature et qu'elle ne soit pas elle-même une anticipation de l'esprit se développant au détriment de la vérité des choses ?

L'unique réponse possible est que la méthode, et, pour commencer, la méthode de division, ne soit rien d'autre que la connaissance en procès et qu'elle se fonde sur ses progrès en même temps qu'elle les dirige. Ce qui signifie deux choses : d'abord que la méthode soit elle-même assez plastique pour se perfectionner en même temps que la connaissance s'avance et qu'ainsi l'art du recensement se change en un art du diagnostic, et l'art du diagnostic en un art d'invention ; ensuite que, à chaque moment, elle puisse témoigner de son mérite par les œuvres qu'elle est susceptible d'engendrer, œuvres dont l'utilité est proportionnée à son degré de perfectionnement.

Sur ce dernier point, Bacon pratique une culture du résultat – résultats « non méprisables » qu'il présente comme des preuves du bien-fondé de son entreprise (DO, 42-44, 87) : les enseignements de l'*experientia literata*, les premières vendanges du *Novum organum*, les nombreux exemples des instances prérogatives, la quatrième partie de l'*Instauratio magna* exposant à la fois la méthode et un début de système du monde. Le vaisseau sur le célèbre frontispice du *Novum organum* ne part pas vers un monde inconnu, muni d'une carte incertaine, il rentre et franchit les colonnes d'Hercule, chargé d'or et d'argent. Et ces « preuves » sont d'autant plus nécessaires que le philosophe traduit les manques ou les lacunes qu'il cerne, en préceptes chargés d'orienter la recherche.

Sur le premier point, Bacon dit deux choses. D'abord, il ne faut point que la méthode anticipe sur la nature, alors même que dans sa fonction de recueil et d'enregistrement elle délimite, distingue et sépare les sciences et les arts, et par là même les objets qui leur correspondent. Tout système est par lui-même source de prévention pour l'esprit. Les anciens, les médiévaux, les humanistes de la Renaissance n'avaient pas manqué de constituer un arbre du savoir. Mais les embranchements de l'arbre ne leur servaient qu'à diviser la totalité de leur savoir en autant de parcelles différentes et à se porter ainsi dans le sens d'une plus grande spécialisation. Bacon reprend l'image de l'arbre (AL, 76 ; DA, 82 a), mais au terme de *divisio* il préfère celui de *partitio* : *partitio scientiarum* ; la *registratio* doit être une *delineatio* (DA II, 54 a), un tracé ébauché qui est comme la carte esquissée d'un monde entr'ouvert. D'une part, la division des sciences et des arts ne doit pas porter atteinte à l'essentielle unité du savoir ni couper les sciences de leur tronc commun (NO, I, 107 ; AL, 93 ; DA, 104 b) : les frontières qu'on trace entre les sciences et les arts les unissent plus qu'elles ne les séparent, comme autant de parties solidaires : une science peut être utile à une autre, les particuliers recueillis par l'une peuvent servir à l'établissement ou à la correction des axiomes (des propositions) d'une autre. Sans cet échange, les axiomes des sciences s'avèreront n'être ni complets ni vrais. (VT, 228-230, 38-41). Et il est légitime de placer en tête des sciences rationnelles la philosophie première qui porte sur les axiomes communs des sciences et sur les conditions transcendantes des êtres. D'autre part, cette unité essentielle étant préservée, toute limite tracée à l'intérieur du savoir reste mobile et pourra être reprise à mesure que l'on connaîtra mieux les vraies divisions de la nature.

Cette plasticité autorise Bacon à choisir ses divisions là où il les trouve, sans s'embarrasser de justifier ses emprunts, sinon par la fécondité de l'usage qu'il peut en faire. Ainsi n'est-il pas le premier à rapporter la division des sciences à la distinction des facultés, et il a pu s'inspirer de l'ouvrage de Juan Huarte, *Examen de ingenios para las ciencias* (1575) – un ouvrage de psychologie à finalité éducative – pour briser avec la traditionnelle division entre les sciences théorétiques (métaphysique, mathématique et physique), les sciences pratiques (éthique et politique) et les sciences poétiques (l'ensemble des arts) ; une division qui a l'inconvénient majeur de dissocier la science et l'art, dont l'unité est pourtant essentielle à chaque branche du savoir : l'*inventio rerum* est aussi l'*inventio operum*. Semblablement, les divisions de la logique exposées dans le livre V, 1 (*in fine*) du *De augmentis*, sont conformes aux divisions dialectiques en usage (notamment à celles proposées par Thomas Wilson dans son *Arte of Rhetorique* (1553) ou à celles développées par Ramus dans ses *Animadversionum aristotelicarum libri XX* (vol. II, préf.) (1548-1560), qui divisait l'art de la dialectique en l'art de l'invention (ou topiques) et l'art de la disposition (ou analytiques), la disposition étant identifiée au jugement selon la tradition cicéronienne.

De même ne s'astreint-il pas à retenir un principe unique de classement, qui n'aurait d'autre formule que de pratiquer de « perpétuelles dichotomies » : conception nuisible puisque les choses sont alors soumises en force à des lois imposées. Les méthodes se diversifient en fonction de leurs usages (plus que de leurs objets), et en ce registre on ne peut s'en rapporter qu'à une « prudence de la traditive » et non point à une systématique rationnelle. Sur ce point, il faut retenir la première différence que Bacon introduit dans l'art de la transmission, celle entre la méthode magistrale qui apprend à user de ce qu'on enseigne et la méthode initiative qui apprend plutôt à soumettre à examen le contenu enseigné. « L'une a pour fin la manière de faire usage des sciences en les laissant telles qu'elles sont, et l'autre a pour objet leur continuation et leur avancement ». L'une renforce l'autorité du maître et entretient la servilité de l'élève, l'autre conduit ce dernier à reprendre « par voie d'induction » le savoir qu'on lui enseigne (DA, 663, 153 b). C'est dans cet esprit que l'ordre peut être un principe fécond. « L'ordre, après tout, n'a pour but que l'éclaircissement de la vérité et ne tient point à la substance des sciences » (AL, 86 ; DA, 98 b).

L'unique trait général qu'on peut relever dans la division baconienne des sciences et des arts est l'opposition constante qui y est observée entre la considération de l'unité et celle de la diversité. D'où ceci que toute science se divise en deux études complémentaires : la philosophie se divise en la philosophie première qui est l'étude des axiomes les plus généraux et la philosophie naturelle qui est l'étude de ces axiomes dans ce domaine particulier et diversifié qu'est la nature ; la philosophie naturelle à son tour se subdivise en métaphysique ou savoir des axiomes les plus généraux rapportés à ce qu'il y a de plus constant et de plus général (les causes formelles et finales), et en physique ou savoir de ce qui est, en tant que ce qui est est plongé dans la matière et le mouvement ; la physique à son tour est d'un côté l'étude de la nature prise dans son unité (« la cosmologie ») de l'autre côté l'étude de la nature éparse et multiple (« la simple physique ») ; la « cosmologie » se sépare en étude des principes des choses, prises dans l'unité de la nature, et en étude de l'agencement de l'univers (l'unité rapportée à la diversité des parties) ; et la simple physique réunit la physique des abstraits, ou l'étude des accidents ou natures simples dans toute la variété des substances) et la physique des concrets ou étude des substances dans la multitude de leurs accidents.

La tripartition des facultés

La première division est celle de la connaissance en trois grandes parties qui sont rapportées aux trois grandes facultés de l'*intellectus* (« l'âme sensible » que l'homme partage avec les bêtes, n'étant pas prise en considération, parce qu'elle est de nature corporelle) : l'histoire (la mémoire), la poésie (l'imagination) et la philosophie (la raison) (DA, II, 1). Cette tripartition est à mettre en correspondance avec une autre tripartition qui apparaît quand Bacon en vient à diviser l'âme rationnelle, toujours distinguée de l'âme sensible, en entendement (*intellectus*), imagination et volonté (DA, V, I). À l'entendement (la raison étant le mode d'opération de celui-ci) répond la logique qui règle les pensées et enfante les résolutions ; à la volonté, la morale qui gouverne les actions. Prise en elle-même, la poésie elle-même n'est pas un art. Car, dans les deux cas, l'imagination est placée en position intermédiaire et sa fonction est proprement médiatrice ; elle n'a pourtant pas exactement ici et là la même destination : dans la première tripartition, elle associe librement ou par imitation les images des choses qui sont conservées dans la mémoire et prépare ainsi l'acte par lequel l'entendement les sépare ou les compose en vue d'atteindre à la connaissance ; dans la seconde, elle représente à la raison les images qui sont dérivées des sens pour qu'elle en juge, et, la raison ayant jugé, elle recueille en images ses décrets pour susciter le mouvement volontaire.

Qu'il s'agisse de rendre compte de la connaissance ou de l'action, Bacon procède rapidement, car il n'a pas de goût pour l'analyse psychologique des facultés : la nature humaine, privée de sens final, est source d'errance. Et, lorsque dans le *De augmentis* IV, 3, il distingue entre la doctrine portant sur la substance métaphysique et l'origine de l'âme et la doctrine de la « destination et des objets des facultés » c'est pour abandonner l'essentiel de la première à la religion.

En revanche, lui importent au premier chef les opérations de ces facultés, puisque ce sont ces opérations, théoriques ou pratiques, qui peuvent être soumises à la méthode. La première tripartition les distingue et les ordonne selon le schéma traditionnel de la formation de la connaissance, schéma dérivé d'Aristote (*Traité de l'âme*, III, et surtout *Seconds analytiques* 19) : seuls les individus frappent les sens ; les images des individus se gravent dans la mémoire, d'abord telles que ceux-ci se présentent. Et l'âme, de ce qui s'est ainsi déposé en elle, ou fait le recensement ou l'imite ou le digère en le composant ou en le divisant. D'une manière générale, l'âme rationnelle est un principe d'ordre : ordre des choses reçues, conservé dans la mémoire ; ordre de la connaissance par analyse et composition dans la raison, l'ordre libre de l'imagination, placé en position intermédiaire, permettant à la raison de s'affranchir de l'ordre de la mémoire pour établir son ordre propre.

L'on obtient ainsi en ébauche le procès général de la connaissance, et donc l'assurance de ne laisser échapper aucune science. L'histoire, tant naturelle que civile, a pour objet les individus qui sont déterminés par des paramètres de temps et de lieu ; elle est dépendante de l'observation ; et l'ordre, phénoménal, n'est que de contiguïté. La poésie a toujours pour objet les individus : l'ordre est ici d'imitation et de fantaisie, il relève de la ressemblance, c'est-à-dire qu'il est encore attaché au monde concret, sans être astreint aux consécutions apparentes. La philosophie, enfin, animée par la recherche des causes, porte non plus sur les individus, mais, en les divisant et les composant *ex lege naturæ et rerum ipsarum evidentia*, sur des notions qui ne cessent de gagner en abstraction (DA, 494, 55 a).

Le rapport entre les trois facultés est à traiter lui-même sur ce mode opératoire. Ainsi, la poésie, qui est divisée en narrative, dramatique et parabolique (DA, II, 13), se voit valorisée par sa fonction médiatrice entre les sens et la raison, de sorte que Bacon en écarte l'étude de la différence des styles et des genres du discours. Sur un bord, poésie épique, elle tient à l'histoire, surtout civile, qu'elle imite ; elle raconte au passé. Et elle satisfait l'âme en donnant librement aux événements rapportés plus de grandeur, d'éclat ou d'harmonie, ou bien un tour plus conforme à la vertu. Prise comme poésie dramatique, elle conserve son caractère narratif, elle a le pouvoir de rendre l'histoire présente et de la donner à voir : non seulement elle plaît à l'imagination, mais elle peut instruire et elle serait d'un plus grand usage si elle était morale. Mais c'est la poésie parabolique qui est la plus noble : c'est une histoire typique qui rend sensibles les choses intellectuelles, par où la poésie tient sur l'autre bord à la raison. Dans les trois cas, la poésie est source de plaisir. Dans les trois cas, sa fin est d'instruire de la vertu : vertu narrée au passé, vertu rendue présente dans le drame, vertu symbolisée dans l'emblème ou la fable, soit pour être enseignée étant rendue claire à tous, soit pour être conservée de manière ésotérique, quand l'objet, qu'il relève de la science de la nature, de la politique ou de la morale, a trop de grandeur, de sorte qu'il faut en cacher (et en dégager) la philosophie secrète.

Ce même point de vue épistémologique inspire d'autres divisions. Ainsi, la distinction entre la connaissance des choses humaines et de la connaissance des choses divines repose-t-elle non sur la différence des objets, mais sur la différence des sources : la connaissance humaine procède des sens, la connaissance divine procède de la révélation, de l'inspiration de Dieu (AL, 76 ; DA, 81 b). Et, touchant les choses de Dieu, si la théologie naturelle est divine quant à son objet, elle est naturelle quant à sa source et à son mode d'acquisition, tandis que la théologie révélée est divine, même par sa source. La première appréhende par les sens la création divine et la loi naturelle, et en infère la toute-puissance et la sagesse de Dieu, elle connaît la cause par ses effets, mais non l'être même de Dieu ; la seconde, instruite par la Bible, introduit le croyant aux mystères du décret divin, fait connaître la volonté de Dieu et le culte qui doit lui être rendu ; de sorte qu'on peut bien persuader un athée de l'existence de Dieu, mais non combattre par la seule théologie naturelle les errements des idolâtres ou les confusions des superstitieux : la théologie naturelle ne permet pas « d'établir la religion » (DA, 539, 84 b).

Cette différence des sources importe plus dans la classification que la différence des objets. Sans doute, la division en objets (Dieu, la nature, l'homme) se retrouve-t-elle plus ou moins expressément sous chacun des trois titres de la mémoire, de l'imagination et de la raison. Sans doute Dieu est-il un objet infiniment supérieur à la nature et à l'homme. Mais il faut considérer ici moins le degré de dignité ontologique qui s'attache à chacun de ces objets, que la manière dont ils agissent sur l'esprit humain : la nature le frappe par un rayon direct, Dieu par un rayon réfracté et l'homme, qui est présent à lui-même, par un rayon réfléchi. Quelle que soit la source, l'esprit humain reste un ; en sorte qu'on retrouve dans la théologie les mêmes divisions que dans philosophie naturelle, puisqu'elle se compose de l'histoire sacrée, des paraboles (qui sont une sorte de poésie divine) « et des préceptes et des dogmes qui sont une sorte de philosophie éternelle » (DA, 495, 55 b).

La science de la nature et la science de l'homme

La science de nous mêmes est une science plus importante que celle de la nature. La connaissance de soi « est pour l'homme la fin de toutes les sciences ; mais au fond ce n'est qu'une portion de la science de la nature elle-même » (AL, 93 ; DA, 104 b).

La science de l'homme relève de la philosophie, mais celle-ci y rencontre une limite. En effet, s'il est vrai, d'une manière générale que seuls existent les individus (les espèces étant à traiter comme des individus exemplaires), il reste qu'un individu est un composé de natures et que l'unité de composition peut être ou seconde ou première. Dans les objets naturels, elle est seconde ou phénoménale et prête donc à l'analyse ; en l'homme elle est première et réelle. La science de la nature, se portant au-delà des phénomènes, prend pour objet d'étude les natures qui s'entremêlent dans les individus : sa démarche est de division et de composition et elle peut passer de l'observation à l'expérimentation. En revanche, la science de l'homme est l'étude d'un objet qui est immédiatement accessible dans la réflexion et qui est irréductible dans son individualité vive (sinon en tant que corps naturel).

Cette science se subdivise immédiatement en la science de l'homme pris en lui-même et la science de l'homme pris en société (la société étant un collectif). La science de l'homme pris en lui-même se subdivise certes à son tour en deux parties, l'étude du corps et l'étude de l'âme, mais avant de procéder à cette division, comme l'unité individuelle constitue l'essentiel, il faut d'abord élaborer « une science générale de la nature et de l'état de l'homme », elle-même divisée en une partie consacrée à « la nature indivisible de l'homme » (la doctrine de l'homme individuel saisi dans les misères de sa condition, mais aussi dans la grandeur de ses vertus exemplifiées dans les grands hommes), et une seconde au lien même de l'âme et du corps. Cette dernière, ou doctrine de l'alliance, explique comment on peut connaître l'âme par le corps (la physiognomonie) et le corps par l'âme (l'interprétation des songes); et comment les humeurs et le tempérament du corps agissent sur l'âme et comment les passions et les perceptions de l'âme modifient le corps et agissent sur lui (DA, IV, 1).

La physique et la métaphysique

Depuis Aristote, connaître, c'est connaître par les causes; et l'on peut à bon droit distinguer quatre sortes de causes : la cause matérielle, la cause efficiente, la cause formelle et la cause finale (NO, II, 2). Bacon ne discute pas cet héritage, mais le réaménage. Il écarte de l'étude de la nature l'explication par les causes finales, il faut ici préférer Démocrite à Platon. La cause finale, qui n'a rien en soi d'incompatible avec la cause efficiente, est une cause intentionnelle (DA, 568-571, 96-100) qu'il faut en ce sens réserver à l'acte créateur de Dieu (mais les hommes ne sauraient pénétrer le mystère de son dessein et de sa volonté) ou aux actes producteurs des hommes lorsqu'ils poursuivent leurs fins pratiques. Bacon n'a pas d'hostilité de principe à l'égard de l'explication finale ; mais elle a cette inconvénient de dispenser du travail inductif, puisqu'elle se donne une cause intentionnelle qu'on pose d'emblée à titre de principe, et de principe distinct de la nature. L'introduire dans l'explication scientifique serait vouloir trouver par la science la cause des principes premiers de la nature (NO, I, 48). Mais on corrompt ainsi la philosophie par la théologie (NO, I, 65). Quant à l'étude des fins humaines, elle relève de la *pars operativa* et non de la *pars speculativa* qui est concernée par la causalité naturelle.

La disqualification de la cause finale dans l'explication physique va de pair avec la transformation de la cause formelle : celle-ci reste la cause réelle ou vraie, mais elle est désormais la cause d'une nature et non plus le programme de la réalisation finale d'une substance (puisque les substances ne sont que des congrégations de natures). La connaissance se porte des effets aux causes, des phénomènes aux opérations réelles de la nature, des existences aux natures simples ; et donc la démarche est essentiellement inductive. Les causes sont le terminus *ad quem* de l'étude. Si l'on exclut toute anticipation qui conduirait à commencer par les causes premières et à se donner d'emblée un *terminus a quo*, l'esprit n'a d'autre ressource que de suivre patiemment la voie de l'induction, laquelle est progressive et se propose la pleine connaissance des causes vraies, c'est-à-dire des causes pouvant produire leur effet dans n'importe quelle matière. Ces causes pleinement déterminées, vers lesquelles l'esprit se porte ainsi, sont les causes formelles.

Mais à chaque degré de l'échelle ascendante, on peut considérer la cause obtenue dans son pouvoir de production de l'effet, une production limitée par la matière particulière à laquelle elle s'applique. Eu égard à cette limitation, elle est alors cause efficiente : elle est *telle* cause produisant *tel* effet dans *telle* matière. En un sens, tout le travail de l'induction consiste à lever progressivement cette restriction de la matière, à la déqualifier, à généraliser les causes, à s'élever jusqu'à l'idée de l'uniformité de la nature et donc à acheminer, si l'on peut dire, l'étude des causes efficientes vers l'étude des causes formelles au fur et à mesure que l'esprit est plus capable d'en déterminer l'opération. On a de la sorte le principe de la partition de la philosophie naturelle en deux grandes parties : la physique et la métaphysique, l'étude des causes variables (efficientes et matérielles) et l'étude des causes constantes (formelles) (DA, III, 4 ; NO, II, 3 *sq.*).

La qualification de la cause en cause efficiente (et matérielle) ou en cause formelle est donc suspendue au schème méthodique qui organise l'étude de la nature en son ensemble. En elle-même, toute cause est une opération de la nature (si on ne la prend pas finalement dans le dessein du Créateur ou dans l'usage qu'en font les hommes). À ce titre, la nature constitue un domaine d'étude parfaitement homogène, ainsi que le prouve la tripartition de ses effets en générations, prétergénérations et arts. En effet, la différence posée ne concerne pas la production de l'effet lui-même puisqu'il n'y a dans les trois cas qu'une unique cause productrice, la nature, mais la modalité de cette production : ou la nature agit librement dans son cours ordinaire ou la résistance de la matière lui fait engendrer des monstres ou l'industrie humaine la contraint de causer son effet dans les conditions artificielles qu'elle a elle-même définies. Trois modalités qui permettent trois usages possibles de l'histoire naturelle pour l'invention des causes : dans le premier cas, l'histoire naturelle fournit une description régulière des phénomènes qui achemine l'esprit vers la découverte des causes ; dans le second cas, les monstres, qui sont des écarts par rapport à ces régularités, incitent l'esprit à rechercher des causes qui, en surmontant la négative, expliquent à la fois la production ordinaire de la nature et sa production extraordinaire. Quant au troisième cas, par les arts, c'est-à-dire par les opérations mécaniques et par les expérimentations auxquelles les hommes se livrent, on se donne de déduire pratiquement les effets de la nature et d'enrichir le domaine d'expérience (DA, 496, 56 a).

Les divisions de la philosophie naturelle se tirent de là. La philosophie naturelle puise sa matière dans l'histoire naturelle, laquelle recueille et enregistre l'expérience. Or l'expérience, prise à son degré le plus élémentaire, c'est-à-dire l'expérience commune, donne l'immense variété des existences individuelles, incarnées dans des substances qui sont dotées de propriétés et qui sont affectées d'accidents. La physique doit donc d'abord se tenir au plus proche de l'histoire naturelle et en épouser les divisions ; elle est alors la physique des concrets ou l'étude « des substances dans la variété de leurs accidents », physique éminemment descriptive, comme peut l'être l'étude des astres ou l'approche des espèces vivantes. Ses divisions internes sont encore des divisions d'objets, allant des corps célestes aux objets mécaniques, en passant par les individus vivants et les espèces. Cela dit, les substances, n'étant que la réunion de natures diverses, ne peuvent constituer l'objet proprement dit de la science : ce qu'il faut étudier, c'est la cause productrice des natures (la chaleur, la gravité, etc.) qui les composent (NO, II, 5). Il faut

donc passer à la physique abstraite qui est « l'étude des accidents dans la variété des substances » et qui est subdivisée à son
tour en l'étude des schématismes de la matière (les modes des
corps : la densité ou la rareté, la pesanteur ou la légèreté, etc.) et
en celle des métaschématismes (les mouvements ou les opérations de la matière : l'impénétrabilité, la cohésion, etc.) (NO, II,
5-6). Or ces schématismes et ces métaschématismes sont latents,
ce qui suppose que l'étude se soit assez dégagée de l'apparence
des choses sensibles pour se porter vers des objets insensibles.
Toute variété n'est pas pour autant effacée, puisque l'on
découvre la grande variété des modes et des mouvements dont
Bacon donne une longue liste (DA, 356-357, 94), ainsi que la
variété des causes toujours rapportées à telle ou telle matière. La
physique dit ainsi que le feu est la cause de la dureté dans le
limon mais de la liquéfaction dans la cire. À ce titre, elle peut
être dite « éparse ». Toutefois on peut pousser l'abstraction
plus avant et considérer la nature comme un tout, soit que l'on
observe que les diverses choses ont des principes communs, ce
qui est encore prendre dans une certaine diversité ce qui est à
expliquer, et l'on aura la physique des principes des choses ou
étude des choses diverses mais prises dans l'unité de la nature ;
soit que l'on tienne enfin la nature comme un tout homogène et
l'on aura la physique du monde ou l'étude du système du monde.
À l'homogénéisation progressive des objets de l'étude répond
l'unification progressive des causes ; et ainsi se fait par degrés le
passage de la physique à la métaphysique.

La métaphysique est la science des causes formelles et
finales. On ne la confondra pas avec la philosophie première :
elle est une partie de la philosophie naturelle. Les formes sont
le véritable objet de la science. Platon a commis la faute de les
séparer de toute matière. Aristote est tombé dans l'erreur d'en
faire les formes des substances. Bacon veut que la métaphysique

soit la recherche des causes formelles des natures simples ou des mouvements simples, la causalité étant alors prise dans ce qu'elle a de constant et d'universel et de moins dépendant de la matière. Elle est la forme du savoir « qui charge le moins l'entendement humain de la multiplicité » (DA, 568, 98 a). La connaissance est comme un cône dont la base est l'histoire naturelle, l'étage inférieur la physique, l'étage supérieur la métaphysique, la pointe la science de « la loi sommaire de la nature », cette dernière excédant sans doute la capacité des hommes.

Touchant la science des causes finales, le *De augmentis* reprend fidèlement *The advancement of learning* et ne retient pas les remarques plus critiques du *Novum organum* (« La cause finale est si loin d'être utile qu'elle corrompt plutôt les sciences – sauf en ce qui concerne les actions des hommes ») (NO, II, 2). Bacon ne donne pas à proprement parler de contenu à cette science, mais soit prudence, soit souci sincère de laisser sa place à la Providence, il montre qu'une telle explication finale n'est pas contraire à l'explication naturelle et qu'on peut bien la conserver, si on le souhaite, mais au niveau de généralité où se tient la métaphysique.

La *pars operativa* (DA, III, 5 ; NO, II, 5) se déduit aisément dc la *pars speculativa* si l'on se souvient que la déduction complète l'induction. Cette *deductio ad praxin* peut se faire à chaque degré de l'échelle ascendante. La connaissance des causes efficientes et matérielles permet l'action mécanique, action efficace, puisque l'effet est nécessaire, quoique relativement à un champ déterminé d'activité, mais action encore aveugle au pouvoir réel de la nature : la connaissance de la nécessité de l'effet n'est pas encore la connaissance de la raison de l'effet. Il faut la science des formes et des axiomes les plus généraux pour pouvoir produire quelque chose de vraiment nouveau dans la nature par l'apposition d'une nature sur une matière (par exemple, les transmutations, le retardement de la vieillesse) : action à laquelle Bacon donne le nom de *magie*, prenant soigneusement le temps de distinguer ce mode d'opération des pratiques magiques héritées de la tradition.

Philosophia humanitatis

Prise dans ses divisions particulières, et réserve faite de l'essentielle unité de l'être humain, la philosophie de la réalité humaine se compose de deux parties à l'image de ce qu'on observe dans la composition de l'homme : elle réunit la doctrine du corps et la doctrine de l'âme. De manière caractéristique, ni le corps ni l'âme ne sont traités comme des réalités substantielles à étudier, mais, le fait anthropologique étant posé, comme deux registres réunissant chacun certaines fins de la pratique humaine. À ce titre, ces deux doctrines sont à considérer plus comme des arts que comme des sciences (DA, IV, 2).

Les biens que l'homme recherche pour son corps sont de quatre espèces : la santé (la médecine), la beauté (la cosmétique), la force (l'athlétique) et la volupté (les arts qui agréent aux sens). La médecine est un « art conjectural » et Bacon regrette qu'elle ne soit pas mieux fondée sur la philosophie naturelle dont elle relève comme science (DA, 598, 116 b). Mais la difficulté est constitutive : le corps humain est de tous les corps le plus composé, celui où les diverses natures sont le plus étroitement entremêlées et qui est le plus soumis à des variations ; à ce point même que l'âme qui y est logée et qui est un principe simple, peine à entretenir avec lui une relation harmonieuse. C'est aussi de tous celui qu'il faut prendre le plus dans son individualité, ce qui interdit les généralisations hâtives à son sujet. De sorte que la difficulté théorique liée à la complexité de l'unité corporelle se double de la difficulté pratique du diagnostic et des remèdes.

La doctrine de l'âme souffre d'un déficit théorique comparable : la science du souffle de vie, c'est-à-dire de la nature du principe insufflé par le Créateur dans l'être humain, lequel principe n'est autre que l'âme rationnelle qui par son excellence élève l'homme au dessus des bêtes avec lesquelles il partage l'âme sensible – cette science relève de la religion. Et, par conséquent, lorsqu'on aborde l'étude de l'âme rationnelle, on n'a lieu de considérer que la destination de ses facultés et donc leur usage. Et comme la poésie n'est qu'un jeu de l'esprit, il ne convient d'étudier que deux choses : l'art de l'entendement, la logique qui est l'art de tous les arts, et celui de la volonté, la morale. Il en va comme pour la médecine : la science, motivée par la poursuite des fins humaines, se traduit immédiatement en préceptes et en règles à détailler dans chacun des arts qui la composent.

Ainsi, dans la science morale la première division retenue, celle entre la science morale et la science civile, repose-t-elle sur cette seule observation générale qu'il y a « en chaque chose un appétit naturel inné en vertu duquel elle tend à deux espèces de biens, l'un par lequel elle est en elle-même un tout, l'autre par lequel elle fait partie de quelque chose de plus grand » (DA, 717, 188 b). Là-dessus, Bacon se dispense de tout effort de fondation proprement théorique des fins de l'action morale. La science de la nature du Bien, distinguée de la science de la culture du Bien ou « géorgique de l'âme » (science de la vie morale, dont les objets sont les dispositions naturelles, les affections morales et les remèdes que sont par exemple l'habitude, l'exercice, l'éducation, etc.), est d'emblée transformée en la science du modèle ou de l'image du Bien, c'est-à-dire, du Bien posé dans sa dimension idéale et traité selon le critère pratique de la supériorité du bien commun sur le bien individuel. Ce critère permet de trancher immédiatement plusieurs controverses théoriques de la philosophie morale : supériorité de la vie active sur la vie contemplative, de la vertu au service de la collectivité sur la recherche du bonheur individuel, des biens qui dépendent des hommes sur les biens qui n'en dépendent pas, d'une philosophie soucieuse des affaires humaines sur une philosophie renfermée sur elle-même. Une distinction analogue permet, touchant le bien individuel, de marquer la prééminence du bien actif (se multiplier et se propager) sur le bien passif, lui-même divisé en bien conservatif (l'acquisition et la jouissance des choses conformes à notre nature) et bien perfectif (l'élévation à un état plus sublime). Quant au bien collectif qui s'exprime dans le devoir, il est ramené au contrôle que chacun exerce sur lui-même eu égard aux autres (devoirs communs à tous les hommes et devoirs d'état) (DA, VII, 1).

Scientia civilis

La science civile s'adresse aux hommes en groupe et n'exige « qu'une bonté extérieure qui suffit pour la société » (DA, 746, 205 a). Les divisions qui la concernent reposent elles aussi sur cette même anthropologie élémentaire que personne n'ira contester (sinon pour son caractère élémentaire) et qui dit les fins qui sont attachées à la nature humaine. Le sujet en est vaste et varié, à l'image des nations et des époques, ce qui n'empêche pas qu'on puisse énoncer des préceptes généraux. Il y a en effet trois sortes d'avantages que les hommes tentent de se procurer par la société civile : un remède contre la solitude, une assistance dans leurs affaires et une protection contre les agressions. Il y a donc trois sortes de choses à considérer : la conversation ou l'usage du monde (les manières, les mœurs), les affaires

ou le commerce, et le commandement ou la république ; et corrélativement trois sortes d'arts de se conduire et de conduire les
choses (*wisdom, prudentia*) : la prudence dans la société, la
prudence dans les affaires et la prudence dans le gouvernement.
D'excellents auteurs ont traité de l'art de la politesse. Quant à la
doctrine des affaires, qui est elle-même divisée en une doctrine
« sur les occasions éparses » (comment éduquer son fils, marier
sa fille, acheter une terre, intenter une action en justice, etc.) et
en l'art de s'avancer dans le monde (comment être l'artisan de sa
propre fortune), elle fait défaut. Et, selon sa méthode habituelle,
Bacon s'attache à en annoncer le contenu, en allant puiser des
préceptes ou des conseils, sous forme d'aphorismes, dans les Rois,
les Proverbes et l'Ecclésiaste (les « paraboles de Salomon », au
nombre de vingt-quatre dans *The advancement of learning* et de
trente-quatre dans le *De augmentis*). Touchant enfin l'art de la
fortune, le *De augmentis* s'avance davantage que *The advancement of learning* en ordonnant et hiérarchisant une suite de
préceptes de détail, à caractère prudentiel, qui ont pour objet
la connaissance des autres ou de soi-même relativement aux
conditions, aux situations, aux intentions, etc.

　　Enfin, sur l'art de gouverner (*ars imperii*) ou doctrine de
l'administration de la république, laquelle se divise en trois
parties : l'art de conserver un État, celui de le rendre heureux et
florissant et celui de l'agrandir, Bacon entend, s'adressant à un
grand roi, s'imposer un devoir de réserve et pratiquer l'art de se
taire : il a été, dit-il, plus homme de lettres qu'homme politique ;
et les hautes fonctions politiques qui ont été les siennes lui
imposent de toute façon la discrétion. Ces raisons personnelles
toutefois ne masquent pas une raison plus fondamentale, au
demeurant traditionnelle : l'art du gouvernement relève du secret
d'État, car il est entièrement l'affaire du pouvoir royal dont il
n'est pas plus légitime de vouloir examiner les raisons et les

actions que de vouloir connaître le dessein de Dieu quand il créa le monde. Un tel art qui n'appartient qu'aux rois (et qui se diversifie donc en chaque royaume) ne peut être un objet de science publique. En ce sens, il n'y a pas de science du politique ; et la philosophie, en tant que doctrine pratique, atteint ici sa limite.

Bacon se propose néanmoins de donner deux échantillons de ce qui est à suppléer, touchant des matières qui ne relèvent pas directement du secret d'État : le premier sur l'art d'étendre le royaume, légitimant son audace par le fait qu'on considère ici l'œuvre qui est le résultat de l'action de l'ouvrier et non le dessein même de l'ouvrier : un art qui manque entièrement ; le second sur la justice universelle et les sources du droit. Sur le premier, Bacon offre une sorte de petit traité, divisé en dix points, sur les moyens de reculer les limites de l'empire (traité qui reprend pour l'essentiel l'essai XXIX ajouté dans l'édition de 1712 des *Essais*). L'objet n'en est pas l'art de la conquête, mais bien plutôt la recherche de ce qui fait la grandeur d'un État, à savoir la qualité de son peuple, et donc des manières de traiter ce dernier, notamment en cas de guerre.

Beaucoup plus important est le second échantillon, présenté sous forme de 97 aphorismes sur la justice universelle (DA, VIII, 3) – voir *infra*, p. 165.

LA DEUXIÈME PARTIE DE L'*INSTAURATIO MAGNA*

Une nouveauté radicale

Bacon entretient dans ses textes une constante solennité qui n'est pas celle de l'œuvre accomplie, mais celle de la tâche à poursuivre ; et c'est cette tâche qu'il faut compter au mérite de

celui qui l'entreprend. Cette emphase, sinon cette grandilo-
quence, peut paraître excessive, de même qu'immodeste la
prétention du philosophe. Mais la véritable humilité, dit Bacon,
est humilité devant la nature, et non devant les hommes ; et
l'humilité devant la nature commande seulement qu'on ne se
présente pas en maître devant les hommes et qu'on ne fasse
pas violence à leur jugement (IM, préf.) ; et Bacon, tout en
imputant l'audace et la noblesse de son entreprise au bonheur du
temps plutôt qu'à son propre génie, a parfaitement conscience
d'inaugurer une nouvelle voie.

Il lui faut à cette fin fournir aux hommes un nouvel
instrument, un *novum organum*, qui supplante l'ancien. Le
modèle le plus éclatant de l'instrument sont ces machines qui,
développées par les arts mécaniques au fil du XVIe siècle, ont
accru la puissance de l'homme et multiplié les produits de son
industrie. Dès le *De interpretatione naturæ proœmium*, Bacon
annonce qu'il sera assez justifié de son entreprise si on lui
reconnaît, à défaut d'avoir produit des œuvres, d'avoir fourni
l'instrument ou, plutôt, la machine qui permet de produire les
œuvres (Sp. III, 520). Car il y a une différence entre un simple
outil qui accroît la puissance naturelle du corps et une machine
qui s'y substitue. L'avantage de la règle et du compas est qu'ils
rendent inutile l'habileté de la main.

C'est là toute la différence entre l'ancienne logique (*logica
vulgaris*, *logica quæ in usu est*, *logica communis*) et la nouvelle
à instaurer (*logica nostra*). L'ancienne, consciente de la limite
des pouvoirs naturels de l'esprit humain, se propose d'apporter
des aides pour en augmenter l'efficace. Mais elle vient trop tard
et elle est plus propre à fixer les erreurs qu'à découvrir la vérité
(NO, préf., 53, 94), puisqu'elle continue de prendre son origine
dans l'esprit naturel : elle ne fait guère plus qu'exprimer dans
des règles ce que l'esprit fait naturellement. La nouvelle logique

ne prétend pas améliorer l'ancienne, elle prétend modifier entièrement le rapport de l'instrument à l'esprit, en instruisant le procès de ce qui est à la source : la nature humaine livrée à elle-même (NO, préf. et I, 2).

La première nouveauté du *Novum organum* est donc de ne laisser aucune place à l'*ingenium*, au talent naturel (NO, I, 61 ; I, 122 ; etc. mais I, 130 ; VT, 251, 67). La nature a fait les hommes égaux ; et si l'on observe des différences naturelles entre les divers tempéraments intellectuels, cette variété est surtout propre à engendrer ces idoles qui naissent lorsque chacun s'abandonne librement à sa constitution personnelle (NO, I, 63-68). C'est donc sur la méthode, et la méthode seule, que doit reposer la communauté scientifique des hommes.

Mais, s'il en va ainsi, abandonner l'ancien organe, en dénoncer les faiblesses, sinon les errements, c'est, tout en menant la critique d'un art qui est philosophique, avoir l'ambition de corriger la nature humaine elle-même. C'est pourquoi, la *Delineatio* distingue trois parties dans l'*instauratio magna* : la *pars destruens*, la *pars præparans*, la *pars informans*. La *pars destruens* est elle-même composée de trois *redargutiones* (rejets) correspondant dans ce texte à trois sortes d'idoles : la critique des théories reçues (les idoles du théâtre dans le *Novum organum*), la critique des démonstrations et des fausses lois qui soutiennent ces théories et, enfin, alors que les deux premières sortes d'idoles s'imposent du dehors à l'esprit, la critique des idoles « qui sont innées et inhérentes à l'esprit et à sa substance même ». Les trois *redargutiones* sont ainsi agencées que la destruction des deux premières sortes d'idoles serait inutile et même dangereuse si celles qui naissent de la raison innée n'étaient combattues (Del., 548, 264 b ; DA, 643, 142 b).

Toutefois, il y a cette difficulté que les idoles de la raison innée, étant naturelles, sont indéracinables (DA V, 4). D'où la nécessité d'une stratégie : Si les idoles innées sont indestructibles, la seule chose qu'on puisse faire contre elles est de les mettre à nu et de « confondre cette puissance insidieuse de l'esprit » (DO, 34, 81). À cette fin, Bacon développe dans le premier livre du *Novum organum* une technique d'insinuation (TPM, 529, 55), parfois même d'intimidation, visant à la fois à combattre les Anciens et les réformateurs et à priver l'esprit de cette confiance qu'il place spontanément en lui-même. La *pars destruens* est en ce sens le premier moment de la *pars præparans*, en attendant la *pars informans* qui, par la méthode libérera l'homme des déterminations et des limites de sa propre nature pour le faire accéder aux choses mêmes.

Pars destruens

La restauration des choses mêmes

Bacon emploie volontiers le vocabulaire de la purification : il faut purifier l'esprit des idoles pour le rendre pur aux choses. La métaphore est biblique : la purification de l'esprit est la condition de l'accès à la vérité comme la pureté retrouvée du cœur d'un enfant est la condition de l'accès au royaume des cieux (NO, I, 68). L'idée de purification est alors liée à celle d'*expiatio* (NO, I, 69). Mais la métaphore est aussi chimique : la purification est une *rectificatio*, c'est-à-dire une opération comparable à celle des chimistes qui, en retranchant les scories, obtiennent un corps pur n'existant pas dans la nature. « Ad rectificandum et expurgandum intellectum » (NO, II, 32), une pureté qui sera proprement l'effet de la méthode (NO, II, 52).

On comprend mieux alors le terme de *restauratio* (*restauratio scientiarum*, DO, 36, 82 ; NO, préf., 58, 97) auquel Bacon préfère celui d'*instauratio*, quelque peu trahi par le mot français *restauration* habituellement donné. Toute l'œuvre de purification et de rectification de l'esprit, tout l'effort de la méthode, consiste à rétablir dans l'élément de la vérité la nature des choses mêmes, lesquelles sont premières selon l'être.

Car la différence est grande entre les idoles de l'esprit humain et les idées de l'esprit divin, entre les dogmes creux des systèmes philosophiques et « les vraies marques empreintes dans les créatures, telles qu'on peut les découvrir » (NO, I, 124 ; Del., 549, 265 b). Livrés à eux-mêmes, les hommes prétendent imposer aux choses les déterminations et les créations de leur propre esprit ; ils engendrent des contrefaçons de monde qui ne peuvent égaler la subtilité et l'exactitude des idées de Dieu, lesquelles fixent l'être des choses mêmes. Il faut donc que, comme les vrais croyants qui se soumettent à la révélation divine, les vrais savants renoncent à mêler la nature de leur esprit à la nature des choses et qu'ils s'effacent devant la vérité.

Toutefois, si l'esprit humain doit se libérer de lui-même pour accéder aux choses, il reste le lieu de la vérité, il doit en être le miroir fidèle et purifié. « L'esprit humain ressemble à un miroir déformant qui exposé aux rayons des choses mêle sa nature propre à la nature des choses qu'il fausse et qu'il brouille » (NO, I, 41 ; CV, XIV ; VT, 224, 32 ; etc.). Loin d'être naturellement une table rase, l'esprit est une surface qu'il faut polir et araser, il faut une *perpolitio et applicatio mentis* (TPM, 528, 53). Alors la lumière de la nature pourra rayonner (NO, I, 122). Mais cette lumière reçue de la nature est aussi bien la formule active de l'interprétation : *lumen naturæ sive formula interpretationis* (TPM, 528, 53) ; car, pour Bacon, qui suit la thèse de Telesio que la lumière est le premier visible, le miroir purifié rend de manière limpide la lumière et ainsi illumine les choses qui s'y réfléchissent. D'où résulte la *natura illuminata sive veritas rerum* (TPM, 528, 53). En ce sens, l'esprit ne se limite pas à un travail sur lui-même ; il participe aussi au dévoilement de la vérité des choses, et cela par l'opération d'une méthode fidèle qui s'irradie de la lumière naturelle.

Cette activité spéculative de l'esprit miroir permet de mieux comprendre les termes de *minister* et de *ministerium*. Le ministre est au service du Dieu qu'il sert ; et son ministère doit répondre exactement à l'action par laquelle Dieu s'exprime et se révèle : il est en ce sens toute humilité ; mais en un autre sens il assiste véritablement la manifestation divine.

Semblablement l'interprète ordonne tout son travail à l'expression de la vérité du texte interprété ; mais sans ce travail, le texte resterait obscur. L'exégète se garde de toute prévention et corrige le texte qui lui est présenté pour en fixer la lettre. Mais la détermination de la lettre dépend du sens qui se prescrit dans le texte et qui en est la lumière ; et le rayonnement de cette lumière demande que soit connue la formule de l'interprétation, véritable clé forgée par l'interprète, mais qui ne trouve sa pleine légitimité que dans l'exposition du sens vrai. *Homo, minister et interpres naturæ* (NO, I, 1).

La redargutio philosophiarum

Livré à lui-même, l'esprit humain brûle de se porter aux idées les plus générales et à supposer plus d'ordre et d'égalité qu'il n'en découvre ; et, une fois qu'il s'est plu à ses opinions il s'y attache opiniâtrement. Il est le jouet de son imagination, il est animé par ses passions et il se fie à ses sens (NO, I, 45-50). La logique en usage, ne faisant que changer la nature en règle, transpose les mouvements de l'esprit en lois de démonstration, elle constitue ainsi le rempart des idoles du théâtre, des théories philosophiques. Effets naturels en tant qu'ils suivent la pente de l'esprit livré à lui-même, les systèmes reçus de la tradition sont des artifices en tant qu'ils sont produits par l'usage de certaines règles de démonstration.

La *redargutio philosophiarum*, des doctrines qui jalonnent l'histoire de la philosophie, renvoie donc à la *redargutio demonstrationum*, de ces règles qui en sont la cause productrice. Et c'est pourquoi il n'est pas nécessaire de combattre pied à pied les systèmes philosophiques : il suffit de ruiner les règles auxquelles ils obéissent. « Tenter et entreprendre ici une réfutation (*confutatio*) serait tout à fait contraire à ce que nous avons dit. Puisque, en effet, nous n'accordons ni les principes ni les démonstrations, toute argumentation est ôtée » (NO, I, 61 ; I, 115 ; Rph, 557, 79).

Les systèmes philosophiques se distribuent en trois espèces : les philosophies rationnelles, les philosophies empiriques et les philosophies superstitieuses (NO, I, 62-65). Quelque variété qu'on y trouve, toutes commettent la même faute. Quand bien même elles partent des *particularia* (du divers empirique), elles se précipitent vers les formes de la déduction, se livrant en cela à la passion dominante de l'esprit humain, qui est la passion de la généralité : elles traitent donc à la légère le point de départ empirique de la recherche, elles sautent aux *axiomata* (les propositions) les plus généraux et, de leur vérité réputée inébranlable, elles prétendent tirer nécessairement les axiomes moyens. C'est donc un seul et même vice que de se dispenser d'une critique sévère des sens, de tenir pour évident les principes et de légitimer la forme du syllogisme.

On trouve dans ces systèmes de philosophie deux choses. 1) Les passions, les vices de leurs auteurs ; et contre ces auteurs on mènera la charge. Le pire de tous les philosophes est Aristote qui réunit tous les défauts (Rph, III, 566-567) et qui a égorgé ses concurrents (NO, I, 67 ; 63 ; 96, etc.). 2) Les lois de la logique, qui « sont en puissance les philosophies et les sciences elles-mêmes » (NO, I, 69). La critique doit donc faire la part entre trois choses : l'influence pathogène de la nature humaine, la responsabilité personnelle de chaque philosophe et l'influence des règles.

La fin de la science

« Notre art diffère complètement de la logique commune, principalement sur trois choses : la fin elle-même, l'ordre de la démonstration et le point de départ de la recherche » (DO, 135, 28, 77 ; Del., 547, 264 a). La fin relève du choix des hommes ; l'ordre de la démonstration est l'affaire de la logique ; la détermination du point de départ de la recherche sera le premier acte de l'interprétation de la nature. Les trois points sont solidaires.

Les philosophes se sont détournés de la véritable fin de la connaissance : ils ne s'intéressent pas aux choses mêmes, leur souci premier est de régir l'immense champ des opinions et des raisons probables, afin de se gagner gloire et pouvoir parmi leurs semblables. Et à cet effet, ils disposent selon un ordre déductif les arguments auxquels ce savoir commun recourt. C'est pourquoi ils ne font pas le travail lent de l'invention progressive des axiomes moyens, mais préjugent de la vérité des principes et s'interdisent de pouvoir produire ensuite des œuvres et donc de tirer de la connaissance des bienfaits pour la vie des hommes.

Cet art de l'opinion, qui sert si bien l'appétit politique, s'appelle *la dialectique*. Aristote lui donnait déjà ce nom dans son *Organon*, le distinguant de l'art de la science elle-même. Or Bacon vise, au premier chef, la dialectique du XVIᵉ siècle et semble assimiler cette dernière à la dialectique du Stagirite. La confusion paraît étonnante, sachant que la dialectique des réformateurs s'est historiquement développée contre la logique aristotélicienne que les médiévaux avaient poussée à un grand degré de technicité et de spécialisation. Pour expliquer cette indifférence du Chancelier à la vérité historique, deux raisons convergentes peuvent être invoquées. La première est que sa culture philosophique n'aurait guère dépassé, en ce qui concerne Aristote, l'information moyenne d'un anglais formé à Cambridge par les manuels dialectiques (d'un Seton ou d'un Cæsarus) et ayant assimilé un ersatz d'aristotélisme scolaire à la faveur des débats suscités par le problème de la méthode : il ignorerait tout des progrès techniques de la logique aristotélicienne au xvie siècle jusqu'à Zabarella. La seconde est que tant le diagnostic du *De augmentis* sur l'état de la logique que la critique développée dans le *Novum organum*, useraient d'un matériel largement emprunté à la tradition rhétorique et dialectique, et continueraient d'en assumer la conceptualité.

On peut ajouter une troisième raison, proprement philosophique : dans son étude des causes de l'état d'abandon où se trouvent les sciences (NO, I, 78-91), le philosophe s'attache à montrer avec quelle constance s'est conservé le même comportement à l'égard de la connaissance : loin d'être la correction de l'*Organon* d'Aristote, la logique des réformateurs en est le renforcement.

Toutefois, sur la question des fins de la logique, Bacon se montre résolument aristotélicien : la méthode doit être la méthode de la vérité, la science doit être la science de la nature des choses. Or, il y a en cela beaucoup plus que l'idée humaniste d'une réforme intellectuelle visant seulement à libérer l'esprit de ses idoles et à le réconcilier avec les choses, en vue de l'utilité des hommes. La méthode baconienne n'est pas une nouvelle version, même fortifiée, de l'effort lettré de la Renaissance pour ramener la connaissance à des formes moins abstraites et plus ouvertes aux fins humaines. La vraie méthode est la méthode du vrai.

Cette intention de vérité s'est égarée lorsqu'on a voulu la couler dans l'ordre démonstratif du syllogisme, lequel prétend se fonder sur des principes généraux qui seraient plus connus par soi.

Les dialecticiens ont certes compris qu'il était vain de commencer par des principes réputés connus par soi et ils ont rétabli le temps de l'invention avant le temps de la démonstration et du jugement (NO, préf., 52, 94). Mais ils ont conclu que l'échec d'Aristote était l'échec de la science même, et ils n'ont pas cherché à secouer l'impuissance à connaître dont la forme syllogistique avait frappé l'effort de connaissance. Tenant la vérité pour inaccessible, ils ont affirmé que la science, réduite à la mise en ordre du discours (DO, 28, 77), est seulement vérité pour l'homme, en sorte que, d'une part, la structure syllogistique peut être conservée, et même élargie jusqu'à la dimension d'une exposition systématique, et que, d'autre part, l'invention est réduite à la recherche des arguments, c'est-à-dire, selon la définition de Cicéron, des raisons probables inventées pour convaincre : *probabile inventum ad faciendam fidem* (Cicéron, *Partitiones oratoriæ*, II, 5). Les fins de la dialectique sont ainsi rhétoriques (persuader) ou doctrinales (enseigner), comme on le voit bien chez Ramus (TPM, 530). Et puisqu'il importe de s'imposer aux autres esprits, soit qu'on communique une opinion, soit qu'on transmette un enseignement, il n'est pas nécessaire de se soumettre à la contrainte des œuvres, lesquelles sont cependant la sanction de la connaissance vraie et l'authentique condition du bien-être humain.

La dialectique est l'art de donner une apparence de nécessité à ce qui, relevant de l'opinion, prête toujours le flanc à une opinion adverse, quoique étant susceptible d'être lié par des raisons probables. La rigueur de la forme ne saurait cacher l'indigence du contenu. Sous les vastes structures ordonnées présentées par l'orateur, dans un discours, ou le maître, dans un manuel, le public a la satisfaction d'entendre ses préjugés confirmés et l'élève de retrouver ce qui est déjà connu. C'est l'empire des notions communes qui ne résout ses conflits intérieurs que par le consentement général : « c'est en effet le pire de tous les présages que celui qui se tire du consentement » (NO, I, 77).

Une méthode qui ne travaille pas à tirer des choses mêmes la vérité, n'a pour appui que l'autorité. Autorité des préjugés communs et des notions communes ; autorité du maître d'autant plus impérieuse envers la vérité des choses qu'il est plus servile envers les hommes. Les dialecticiens sont par essence des professeurs qui allient la sophistique et le sectarisme, comme le faisait la sagesse grecque en multipliant les disputes et en créant des écoles. Ils travaillent à capter l'admiration des hommes par la magnificence de leurs sommes (NO, I, 86), afin de mettre en valeur leur personne. Ils exercent la *doctrinarum administratio et politia* (NO, I, 90) et cherchent à obtenir auprès du prince honneurs et récompenses (NO, I, 91).

Il est vrai que, selon son habitude de laisser une place à ce dont il fait la critique, puisque la science nouvelle occupe une place entièrement nouvelle et ne dispute pas son territoire au savoir préexistant, Bacon ne condamne pas absolument la dialectique. Cette méthode peut remplir son office quand il s'agit de cultiver et de transmettre ce qui est acquis (NO, I, 29 ; I, 128). Et il est des savoirs dont les propositions premières sont établies par convention et dont les propositions moyennes se prêtent au libre jeu des opinions. Le rôle propre du jugement est alors de régler les discours et les actions sur les principes qui emportent la plus large adhésion et qui paraissent les plus probables. « La dialectique actuellement en vogue s'applique parfaitement à la vie publique et aux arts qui dépendent de la discussion et de l'opinion » (IM, préf., 18, 70).

L'ordre de la démonstration

À la différence des fins répond aussi la différence des voies de la connaissance (DO, 136, 77). « Car il y a et il ne peut y avoir que deux voies pour la recherche et l'invention de la vérité. L'une, partant des sens et du particulier, s'élance d'un seul coup d'aile vers les axiomes les plus généraux et, s'appuyant sur ces principes comme sur une vérité inébranlable, rend ses jugements et invente les axiomes moyens. C'est la voie suivie aujourd'hui. L'autre dégage les axiomes à partir des sens et du particulier, en s'élevant de façon continue et graduelle, pour parvenir enfin au plus général. C'est la vraie voie, mais elle n'a pas été essayée » (NO, I, 19). Deux voies : celle de la déduction précipitée, n'ayant pour ressource que la rigueur des formes logiques ; celle de l'induction ayant pour fin la vérité des choses. Toute connaissance est forme et contenu : la dialectique s'appuie à vide sur la forme qu'elle remplit avec un contenu dont elle n'a pas fait la critique ; la science, elle, mène d'abord la critique du contenu et dégage progressivement la forme, non point comme forme du discours, mais comme la forme même des choses. Elle n'ignore pas la déduction, mais la déduction est chez elle la *deductio ad praxin*.

La logique en usage est défectueuse en chacun des moments du progrès inductif. Il faut donc mener quatre critiques : celle de l'information des sens, celle de l'abstraction des notions, celle de l'induction proprement dite, et celle enfin du mode d'invention et de preuve, c'est-à-dire du syllogisme (NO, I, 69 ; DO, 136-138, 77-80, où l'ordre est inversé).

La critique de l'information sensible

Le premier moment à considérer est celui de la source de la connaissance, l'information des sens. La connaissance n'en a pas d'autre; et vouloir rejeter cette information serait tomber dans le scepticisme le plus complet, comme l'ont fait les partisans de l'acatalepsie, qui doutaient du témoignage de leurs sens. La dialectique elle-même ne remet pas en cause ce point de départ des sens. Sa faute est ailleurs : elle ne soumet pas l'information sensible à la critique qu'elle mérite et se borne à demander que les sens soient bien disposés, que leur exercice naturel ne soit pas entravé. Reconnaître que les sens sont à l'origine de la connaissance est une chose, y chercher le fondement suffisant de la connaissance en est une autre. Or les sens « ou bien nous abandonnent ou bien nous abusent » (DO, 79, 138 ; NO, I, 69 ; etc.).

Ils nous abandonnent en raison de leur caractère grossier. Leur registre étant limité à leur capacité sensorielle, ils laissent échapper tout ce qui est insensible aussi bien à la vue qu'au toucher pour cause de petitesse, d'éloignement, de rapidité, de familiarité, etc. ; ils ne saisissent pas les opérations cachées par lesquelles s'accomplissent toutes les œuvres de la nature. La configuration des parties (les schématismes), les modifications de cette configuration (les métaschématismes), le progrès latent échappent pour l'essentiel à la perception sensible (NO, I, 50). La nature dépasse par sa subtilité tout le pouvoir qui est le leur.

Mais ils font plus : ils nous trompent par leur caractère d'immédiateté : ils nous donnent leur information comme si elle était celle des choses mêmes. « Car le témoignage et l'information qu'ils apportent ont toujours proportion à l'homme, non à l'univers ; et c'est une erreur bien grande d'affirmer que les sens sont la mesure des choses » (DO, 138, 80 ; NO, I, 41). D'autant plus que l'illusion porte non seulement sur la taille des choses, mais aussi sur les divisions de la nature (NO, II, 40). Que nous livrent les sens ? Ils nous livrent le monde sensible, le monde commun et, illusoirement, ils nous le font tenir comme le monde réel.

La mauvaise abstraction des notions

Les erreurs naturelles des sens sont susceptibles d'être corrigées par l'entendement; elles sont, à cet égard, moins redoutables que les erreurs de l'entendement livré à lui-même, lequel n'a pas assez de capacité pour recueillir et disposer toute l'information sensible ni assez de netteté et de pureté : *ut rerum imagines veras et nativas, absque phantasia et tinctura, admittat* (CV, XIV). L'illusion des sens fait sentir ses effets jusque dans le second moment de l'ordre de la connaissance, celui de l'abstraction des notions : prenant appui sur l'évidence sensible, la logique en usage prétend faire l'économie de l'examen des notions et se porter d'emblée aux termes et aux axiomes les plus universels. La dialectique puise ses notions premières au plus proche et au plus facile, dans ce que l'expérience commune lui fournit; et, concédant au sens commun ce pouvoir de vérité, elle se borne à introduire l'armature logique des notions secondes, c'est-à-dire l'appareil des notions logiques qui transforment alors les choses en objets du discours. Mais ces notions secondes, si elles expriment les exigences abstraites du discours, sont totalement séparées des choses; aussi est-il abusif de les transformer ensuite en catégories ontologiques, après les avoir imposées sous forme de catégories logiques.

Bacon ne laisse pas de dénoncer cette fausse subtilité de la logique en usage qui vient compenser la grossièreté des notions vulgaires (NO, I, 10). Si la connaissance ne fait pas l'effort initial de pénétrer la subtilité réelle, mais latente, de la nature, et cela par une juste abstraction, alors elle n'est ou bien que le savoir commun habillé sous une forme logique ou bien un pur verbalisme, car « le syllogisme est composé de propositions, les propositions de mots et les mots sont les tessères [les symboles] des notions » (NO, I, 14; CV, XIV).

Il est vrai que dans la *redargutio* des idoles de la place publique (celles qui naissent du langage), Bacon se soucie plus de la confusion des pensées qu'elles suscitent que de la vacuité des mots. Quand les idoles naissent des noms des choses qui n'existent pas, elles sont aisées à chasser, le langage n'étant alors que le support des fausses théories dont il suffit de ruiner les démonstrations. Mais les idoles «qui naissent des noms des choses qui existent, mais des noms confus, mal déterminés, abstraits des choses à la légère et irrégulièrement» (NO, I, 60) sont beaucoup plus redoutables, parce qu'elles résultent d'une abstraction fautive. Ainsi, le mot *humide* «n'est rien d'autre que la marque confuse de diverses actions qui n'admettent rien de fixe ni de commun» (NO, I, 60). Les mots commandent aux hommes, et ils «sont le plus souvent imposés selon l'appréhension du commun et dissèquent les choses selon les lignes les plus perceptibles à l'entendement humain» (NO, I, 59).

Dans la pensée confuse, suite à une mauvaise abstraction, les *notiones vulgares* (les notions immédiatement dérivées des sens et partagées par les êtres sensibles) deviennent des *notiones communes* (IM, préf., 130, 71 ; NO, I, 97 ; I, 125), c'est-à-dire se changent en ces notions qui sont réputées innées et manifestes par elles-mêmes, parce que les esprits s'accordent aisément sur elles et qu'elles satisfont les tendances de l'entendement naturel. Confondant ce qui est premier pour lui et ce qui est premier pour la nature, l'esprit humain fait de ce monde familier qui lui est immédiatement accessible et dont il nourrit ses notions, le monde réel des choses ; et des lignes par lesquelles l'appréhension commune découpe les choses, les philosophes font les catégories de l'être.

Ce double défaut de la logicisation qui fait passer des choses au discours, et de l'ontologisation qui fait passer du monde ordinaire au monde réel, se manifeste de manière exemplaire dans la philosophie d'Aristote. Là où le vulgaire saisit des choses et des qualités, Aristote a établi des substances et des accidents et distingué des sujets et des prédicats, sans voir ce à quoi une juste abstraction l'aurait mené, à savoir que le véritable objet de la science n'est pas les choses au sens banal du mot, mais les formes constantes et universelles qui sont au principe des natures simples ou composées. Il maquille les *notiones vulgares* en leur appliquant les notions secondes de sa logique se dispensant ainsi de mener l'induction véritable, seule capable d'atteindre les vraies notions premières (NO, I, 63 ; I, 54 ; CV, XIII).

L'induction par énumération

Le troisième moment de la démonstration est celui de l'induction proprement dite. Or « est mauvaise l'induction qui, par simple énumération, conclut les principes des sciences, sans procéder comme il se doit aux exclusions, résolutions ou séparations de la nature » (NO, I, 59). Bacon n'a pas de mots assez durs pour condamner cette sorte d'induction, héritée d'Aristote (NO, I, 105 ; DA, V, 2). Chez Aristote, l'énumération complète est la condition de validité du syllogisme inductif qui consiste à conclure, en s'appuyant sur un des extrêmes, que l'autre est attribué au moyen (*Premiers analytiques*, II, 23). Or, une telle induction s'expose au risque d'une instance contradictoire et se prononce le plus souvent « à partir d'un trop petit nombre de choses, et de ces choses seulement qui se présentent immédiatement » (NO, I, 105 ; DO, 137, 78-79 ; CV, XIV). On prétend enfermer dans un état du savoir ou de la mémoire le champ sans cesse renouvelé de la nature, toujours plus riche que l'entendement humain. De sorte que l'abstraction et l'analyse ne peuvent être menées comme il convient ni dégager les vraies divisions et les vrais rapports de la nature. « Ce dont les sciences ont besoin, c'est d'une forme d'induction qui procède à la solution et à la séparation de l'expérience et dont la conclusion nécessaire s'appuie sur les exclusions et les rejets obligés » (DO, 137, 79).

La critique du syllogisme

La critique de la logique en usage culmine dans le quatrième et dernier moment : le rejet du syllogisme. « Ce mode d'invention et de preuve qui commence par établir les principes les plus généraux, puis leur soumet les axiomes moyens, pour prouver ces derniers, est la mère de l'erreur et le fléau de toutes les sciences » (NO, I, 69). Certes, selon cet ordre de démonstration qui va des principes aux conséquences, la conclusion est tirée des prémisses de façon nécessaire, grâce au moyen terme, et le raisonnement est certain ; mais, ce faisant, le syllogisme n'apporte aucune connaissance nouvelle. Il n'est d'aucun emploi pour l'invention des principes ni pour l'établissement des axiomes moyens. Aveugle à la question de la découverte et de la validation des principes, il n'est, pris en lui-même, qu'un instrument au service de la disposition soit des connaissances acquises, et il n'a alors pas plus d'ambition que les arts de la mémoire, soit des opinions reçues, et il est alors au service de l'art dialectique qui n'a d'autre ambition que d'enchaîner et de régler des arguments.

Certes, la dialectique réformatrice, renouant avec Cicéron et Quintilien, avait rétabli la distinction entre l'invention et le jugement et proclamé qu'il fallait commencer par l'invention : recueillir le matériel utile, collationner les arguments, dégager les principes généraux qui serviront de base à la discussion et, utilisant l'arme du syllogisme, confondre la partie adverse et emporter l'assentiment du plus grand nombre. Mais « quant à l'induction, à peine les dialecticiens paraissent y avoir sérieusement pensé ; une brève mention, et ils passent outre, se hâtant vers les formules de la dispute » (DO, 136, 77). Comme Aristote (*Seconds analytiques*, 100 b 3-5), ils continuent de considérer que l'induction est une opération naturelle, alors qu'ils devraient la traiter comme un acte méthodique. Symétriquement, ils dépensent toute leur subtilité dans les formes de la déduction et se montrent incapables de parvenir par celle-ci à des œuvres.

Mais Bacon va plus loin. La logique en usage distingue le jugement par induction et le jugement par syllogisme (AL, 113-114 ; DA, 140 b). Se coulant dans cette distinction, Bacon met à nu ce qu'il pense être l'insuffisance radicale du syllogisme en tant que méthode de science. « Dans toute induction, que la forme en soit bonne ou vicieuse, la même action de l'esprit qui invente est celle qui juge ». Sur ce point, Bacon s'accorde avec Aristote : dans l'induction, il n'y a qu'une seule action que le Stagirite attribue à la nature de l'esprit, mais que Bacon veut méthodique. On ne trouve qu'en prouvant et on ne prouve qu'en trouvant. L'unicité de l'acte ne dispense assurément pas du travail de la méthode, mais la méthode sera unique, sans qu'il faille séparer l'établissement de la réalité des choses et l'établissement des raisons de la vérité des choses. Il en va autrement dans la preuve par le syllogisme ; car la preuve n'étant pas immédiate, mais se faisant par le moyen, l'invention du moyen est une chose, et le jugement de la conséquence une autre. Pour que la démonstration par syllogisme donne force de preuve à la conclusion, il faut qu'elle emploie le moyen qui doit donc être connu au préalable. Le moyen est donc l'objet même de l'invention. Non contente qu'on lui accorde les principes, la logique syllogistique abandonne l'appréhension du moyen à la sagacité des esprits ou au hasard d'une heureuse fortune. En quelque sorte, le syllogisme se donne tout, de sorte que son opération est simplement formelle : ramener des propositions connues à des principes également connus, par les propositions moyennes qu'on se donne comme connues. Nulle place n'est laissée à l'invention. Or pour connaître il faut inventer l'inconnu à partir du connu.

Cette critique du syllogisme est répétée d'une façon plus large dans la critique de la *methodus* des réformateurs chez qui la méthode représentait le dernier degré du *judicium*, le couronnement de l'art dialectique. Les réformateurs avaient développé un art du système par lequel constituer des sommes où toute connaissance acquise et future devait trouver sa place. L'unité systématique est alors une structure d'ordre chargée de recueillir et de disposer ce qui est connu, d'anticiper par son plan ce qui est inconnu, mais qui déjà, en quelque sorte, lui appartient, et lui appartiendra expressément quand les procédures syllogistiques auront été mises en œuvre. Bacon dénonce avec une vigueur constante cette prétention de la méthode dialectique à imposer à la nature des choses la forme achevée d'un système.

Pars informans

Une fois qu'on a libéré l'esprit de ses idoles et qu'on l'a rendu disponible, il faut encore répondre aux objections qu'il pourrait opposer, avant même de s'y engager, à l'entreprise à laquelle on l'invite. Telle est la fonction de la *pars præparans* (voir *infra*, p. 140).

La chose étant faite, on en vient à la *pars informans*. Les différents moyens propres à perfectionner l'entendement et à le soutenir dans l'interprétation de la nature, se répartissent en trois sortes d'assistances ou de ministères (*ministrationes*) : le service aux sens, le service à la mémoire et le service à la raison (Del., 552, 267 a ; DO, II, 10). Il faut les considérer dans cet ordre qui est celui de la démonstration et qui va, par une progression graduelle et continue, des *particularia* (le divers des phénomènes) jusqu'aux axiomes les plus généraux. Toute solution de continuité induirait l'esprit à retomber dans le vice dénoncé de l'anticipation.

Le service des sens

« En ministre ardent et fidèle, nous avons recherché et rassemblé de tout côté des aides pour les sens » (DO, 138, 80). La *ministratio ad sensum* a pour rôle fondamental de traiter l'information empirique. Les sens donnent immédiatement à l'esprit le monde familier où il y a des choses individuelles et concrètes qui subsistent et qui possèdent certaines qualités, et où se font des mouvements et se produisent des événements. Ce monde (ontologisé par Aristote) est un monde qui est proportionné à la nature humaine et qui n'est point le monde réel (Del., 552, 267 b).

Le premier acte de la science est donc de prendre de la distance avec ce monde empirique, de le traiter comme un phénomène dépendant des sens humains et ainsi de rompre à la fois avec le sens commun et avec l'aristotélisme. Depuis Aristote ce monde est celui de la subsistance. Or, ces existences concrètes, leur identité substantielle n'étant que phénoménale, sont en réalité des composés de natures ; et ce sont ces natures et leurs opérations qui sont réelles et qui constituent le véritable objet à connaître (sans qu'il faille les tenir pour des réalités supérieures et séparées). Bacon ne nie pas l'intérêt d'une étude des formes composées, mais cette étude est essentiellement descriptive, elle ne dépasse pas le niveau d'une physique concrète et, pour explication, elle est renvoyée à l'étude physique (et non métaphysique) des schématismes et des progrès latents (NO, II, 6-7).

Les sens ne sont pas pour autant disqualifiés. S'il faut traiter l'information qu'ils fournissent, ils restent l'unique source d'information. Bacon détaille ainsi la *ministratio ad sensum*

(Del., III, 552, 267 b). D'abord, corriger le témoignage des sens (*correctio*), rectifier leur information (*rectificatio*) et réduire les *data* qui, étant sensibles, sont proportionnés à l'homme et non à l'univers (NO, I, 41) et ne nous instruisent pas des opérations proprement dites de la nature entre des parties qui sont invisibles. Ensuite, accéder à ce qu'ils laissent échapper par des procédés de substitution, de gradation ou par des *experimenta*; enfin compléter le recueil empirique de l'histoire naturelle, recueil par définition contingent, par une expérimentation sollicitant la nature, là où elle n'a pas encore instruit les sens.

Le détail de cette *ministratio* est présenté dans les instances de la lampe ou de première information (NO, II, 38-43), distinguées en cinq classes et qui sont autant de protocoles appliqués à l'observation. Sachant que la perception sensible n'est pas naturellement à la mesure des choses en raison de ses limites, les instruments à employer ou les opérations à mener sont fondamentalement de deux sortes : ou ils permettent d'accroître la capacité des sens, d'élargir leur champ et de fortifier leur action (Bacon fait expressément référence, entre autres, à la lunette de Galilée, remarquant que c'est le même œil naturel qui voit à nu et qui regarde au travers de la lentille), et aussi de corriger l'impatience et la distraction de l'esprit humain quand il observe ; ou ils constituent des substituts, notamment dans les cas où les sens font totalement défaut et où l'esprit n'a d'autre recours que l'analogie pour réussir à présenter l'objet qui sera la matière de la connaissance. À quoi il faut ajouter les instances disséquantes (NO, II, 43) qui étonnent l'esprit et lui font découvrir la subtilité de la nature, et qui sont, en quelque sorte, une invitation à l'analyse. Il ne suffit donc pas d'accroître la masse et la précision des données sensibles en usant d'un matériel instrumental; il faut mettre en place de véritables procédures d'observation, de véritables méthodes d'information, qui sont autant d'actions de l'esprit. Ainsi, l'illusion d'immédiateté attachée aux sens « ne peut être corrigée autrement que par la méthode et la philosophie universelle » (NO, I, 40).

Tous ces procédés sont des modes de présentation, de « citation » (NO, II, 40). D'où le paradoxe : il faut s'affranchir de l'illusion et de la tromperie des sens, passer de l'apparence à la réalité, mais aussi y revenir constamment de manière directe mais élargie pour les choses sensibles, de manière indirecte pour les choses insensibles. Il faut que même les choses qui échappent aux sens « soient ramenées à l'ordre des sens et comparaissent devant leur tribunal » (Del., 552, 267 b). Le paradoxe sera levé quand on en viendra à la formule complète de l'induction ; mais on voit que, sans retour à la perception sensible, on ne pourrait faire la différence entre les anticipations de l'esprit et l'interprétation de la nature. Bacon aime à répéter une formule remarquable où se voit la différence entre l'observation et l'expérimentation (l'*experimentum* étant distingué de la *mera experientia* (NO, I, 82)), et qui circonscrit la fonction des sens dans l'expérimentation : « Par eux-mêmes les sens sont quelque chose de faible et d'égarant ; et les instruments employés pour les aiguiser et pour en étendre la portée ont peu d'effet. Mais toute interprétation vraie de la nature s'obtient à l'aide d'instances et d'expériences (*experimenta*) convenables et appropriées. Là les sens jugent de l'expérience seule (*experimentum*) ; l'expérience de la nature et de la chose même » (NO, I, 50 ; DO, 138, 80 ; VT, 244, 59). La relation de la connaissance au contenu empirique n'est complète que dans l'expérimentation qui est le terme du mouvement déductif, comme l'observation est la source du mouvement inductif.

Le service de la mémoire

Le troisième secours qui peut être apporté aux sens se tire de l'histoire naturelle, aidée de la méthode expérimentale (Del., 552, 267). L'histoire naturelle est l'œuvre de la mémoire.

Il faut introduire la méthode jusque dans l'histoire naturelle et distinguer entre l'histoire simplement narrative et l'histoire inductive (DA, II, 3). L'histoire naturelle narrative se limite à la seule connaissance des choses dont l'histoire est le dépôt : *rerum ipsarum cognitionem quæ historiæ mandantur* (Par., 2). Elle raconte ou décrit les choses, les propriétés et les événements. Qui plus est, elle ne progresse pas selon un ordre, mais répond à un double motif : d'une part, la satisfaction d'une curiosité qui recherche l'inédit, le merveilleux, se nourrit de détails, d'illustrations ; d'autre part, l'utilité immédiate que l'on peut en retirer (les histoires naturelles des plantes constituées en tables de remèdes, de condiments, de parfums, reprises de la *Materia medica* de Dioscoride, traduit en latin à la fin du XVe siècle ; les descriptions d'expériences que les mécaniciens multiplient au hasard dans l'espoir d'une utilité immédiate). Le premier motif élargit le domaine de la recherche, le second le restreint et le spécialise : l'histoire narrative peut gagner simultanément en étendue et en variété. Mais elle ne génère pas de connaissance scientifique, puisqu'elle ne recherche pas les axiomes qui permettraient de découvrir de façon fondée de nouvelles expériences (NO, I, 117).

Non qu'il faille négliger la recherche de phénomènes ou d'expériences nouvelles ni le travail de description. Mais une telle histoire est sans règle véritable. L'érudit s'estime content si, dans une collection aussi riche que possible, il permet à son lecteur d'identifier une plante, d'en tirer un bénéfice pratique, et de voyager au sein d'un univers toujours étonnant et curieux.

Même Aristote qui, dans sa classification des animaux se montre plus savant, n'a pour objet que de rendre la chose présente telle qu'elle subsiste dans son être, dans son essence (NO, I, 98).

Il faut instaurer une histoire inductive entièrement nouvelle dont la fonction est d'informer l'entendement (NO, I, 98 ; Par., 2). Pourtant, Bacon ne pouvait ignorer le renouveau de la botanique au XVIe siècle ni la spécialisation des histoires animales. De même ne pouvait-il confondre l'essentialisme qui anime la zoologie d'Aristote (NO, I, 54) avec l'esprit de compilation d'un Pline (DA, 497, 56 b). Pouvait-il méconnaître l'effort méthodique d'un Césalpin qui, plus soucieux de l'identification des plantes que de leur classement, adopte un principe systématique de détermination ? Mais son intérêt n'est pas là. Ne lui importe que la fin poursuivie : « La fin la plus noble de l'histoire naturelle est celle-ci : fournir la matière de l'induction vraie et légitime et tirer assez des sens pour informer l'entendement » (DGI, 731).

Ainsi l'histoire inductive ne peut être une pratique réglée que si elle est tenue pour le premier pas dans la recherche de la vérité. En elle s'accomplit une opération qui change la matière empiriquement donnée en une matière expérimentale. Certes, on répétera que, sans l'information fournie par l'histoire naturelle, l'interprétation de la nature est incapable de se soutenir (DO, 140, 81 ; Par., 1). Mais, jusque dans son recueil, cette information doit être travaillée par l'acte méthodique qui s'en saisit. L'histoire naturelle elle-même doit être expérimentale, c'est-à-dire favoriser le passage menant des existences individuelles dans l'espace et le temps aux natures et de là aux formes qui régissent l'univers. Ce ne sont pas des choses (même si l'on commence par elles) que l'histoire naturelle appréhende dans son recueil, mais des *particularia*, c'est-à-dire un divers qui est ontologiquement neutralisé et qui reçoit son privilège de la seule méthode.

C'est pourquoi, l'histoire naturelle peut s'étendre aux arts et à leur production (les *experimenta*), car, en regard du travail qui est le sien, il importe peu que les particuliers soient des objets naturels ou des produits de l'activité humaine. Selon le principe que la négative est plus instructive que l'affirmative, ces derniers ont même plus d'intérêt méthodologiquement s'ils sont obtenus dans les tourments que les hommes infligent à la nature, c'est-à-dire sous la contrainte des arts et des techniques (DO, 141, 83), qui ont ainsi un intérêt spéculatif en même temps que pratique.

La nature peut donc opérer librement, par écart ou par contrainte, ce qui donnera l'histoire des générations, des préter-générations et des arts (DO, 141/82 ; DA, 496, 56 a ; Par. 1 ; etc.), mais ces trois sortes d'histoires disent plus les registres où rechercher les objets et les expériences qu'une différence réelle des objets et des expériences. L'histoire naturelle neutralise ontologiquement les objets dont elle se saisit. Corrélativement à cette homogénéité des effets ou des phénomènes s'impose l'homogénéité des causes : dans les trois cas, c'est toujours la nature qui opère, l'homme modifiant, par mouvement seul, les causes efficientes qui véhiculent les causes formelles, lorsqu'elles s'appliquent à la matière. « Les choses artificielles ne diffèrent pas des choses naturelles par la forme ou par l'essence, mais seulement par l'efficiente » (DA, 496, 56 a ; DGI, 102). Ce faisant l'art lève le voile de l'apparence extérieure des choses et parvient à suggérer les mouvements, les vertus, les derniers efforts de la matière (Par., 5).

Pour désigner ces « expériences » naturelles ou expérimen-tales, significatives pour la méthode, Bacon emploie le mot d'*instance*. Reprise de l'ἔνστασις d'Aristote (*Topiques*, VIII, 2, 157 a), l'instance n'est ni un exemple qui illustre, ni un cas qui particularise, mais toute information qui oriente l'esprit et se charge d'une valeur inductive, soit par la place qu'elle occupe dans une table, soit par quelque prérogative ou vertu méthodique, pouvant aller, dans le cas des instances de la croix, jusqu'à décider de la théorie (VT, 242, 56).

Le principe inductif n'éclaire pas seulement la fin de l'histoire naturelle, il en inspire aussi les traits méthodiques. Le premier trait concerne le recueil empirique lui-même. Puisque l'histoire fournit à l'entendement son information, il importe qu'elle soit sûre et fiable et qu'elle procure cette garantie de réalité sans laquelle les instances reçues ne seraient pas acceptables. Bacon revient à de nombreuses reprises sur cette exigence de certitude doublée d'une exigence d'exactitude : rejet du merveilleux par un examen approfondi et sévère ; rejet des traditions, des ouï-dire par la critique des mensonges invétérés ; rejet des autorités établies par l'abandon de la philologie ; rejet des narrations fantaisistes par le contrôle des récits et des témoignages ; rejet des relations superstitieuses par la stricte délimitation des territoires de la science et de la religion ; refus des surcharges inutiles (descriptions trop abondantes, illustrations trop raffinées) ; évaluation de l'information fournie qui peut être certaine, douteuse ou manifestement fausse ; précision pour toute expérience nouvelle du mode d'expérimentation. Toutes ces indications de méthode sont réunies dans le *Parasceve*) (Sp. I, 393-403).

À ces règles critiques d'établissement qui portent sur l'acte de recueil, il faut joindre les exigences concernant l'objet du recueil : il faut que l'histoire naturelle et expérimentale rassemble des expériences fécondes, et d'une fécondité qui ne soit pas seulement immédiate, comme dans l'expérience lettrée, ni seulement utile. « Pour commencer et pendant quelque temps, nous ne recherchons que des expériences lumineuses et non des expériences fructueuses ; à l'exemple, nous l'avons dit, de la création divine qui le premier jour créa la lumière seulement et lui consacra une journée entière, durant laquelle elle s'abstint de toute œuvre matérielle » (NO, I, 121). C'est d'expériences *lumineuses* qu'on peut déduire ensuite des conséquences pratiques qui ne déçoivent pas l'attente et le besoin des hommes (NO, I, 99). Cette fécondité s'exprime dans deux exigences : l'abondance et la subtilité : « il ne faut pas resserrer le monde dans les frontières étroites de l'entendement, mais élargir et dilater l'entendement jusqu'à le rendre capable de recevoir l'image du monde, tel qu'il se découvre » (Par., 4).

Le catalogue

L'histoire naturelle ne saurait être inductivement féconde, si d'une part les histoires particulières n'étaient mise en ordre au sein de l'histoire générale, sous la forme d'un catalogue, et si, d'autre part, les *particularia* n'étaient soigneusement distribués au sein de chaque histoire.

Le catalogue est présenté au terme du *Parasceve*, repris dans le *De augmentis* (501-502, 59), à quelques variations près, et rappelé dans la présentation des objets de la physique concrète qui suit les divisions de l'histoire naturelle (DA, 551-552, 88 a-b). Aux cinq parties présentées dans le *De augmentis*, qui concernent les générations (l'éther, les météores, la terre et la mer, les éléments qui entrent dans la masse des corps, les espèces minérales, végétales, animales) le *Parasceve* ajoute une sixième partie, la plus longue, relative à l'homme et aux arts, et une septième relative aux mathématiques. L'ordre retenu, les distinctions opérées entre les différentes histoires et leurs regroupements relèvent d'une division fort banale : le catalogue reste au niveau d'une information portant sur les faits de la nature et encore proche des divisions sensibles, et non point encore de leurs causes ; il semble relever plus de l'histoire narrative que de l'histoire inductive. Mais Bacon ajoute au catalogue d'autres titres, une liste d'histoires qu'il se réserve de mener à bien, quand il laisse aux autres hommes le soin de dresser ou de compléter les premières (Par., 10). La liste est celle des vertus cardinales et catholiques ou des commencements de la nature ou des premières passions ou désirs de la nature (DO, 142, 83) qui excèdent la tripartition en générations, prétergénérations et arts, parce que l'étude n'en est pas « à proprement parler une histoire, mais quelque chose entre l'histoire et la philosophie » (DGI, 110). Sous ces noms métaphoriques il faut entendre le dense, le rare, le léger, le lourd, le chaud, le froid etc. avec les mouvements qui les causent, comme l'antitypie, la connexion, etc., propriétés générales de la nature dont il faut faire l'histoire, car elles sont ce qui est proprement à expliquer par l'interprétation de la nature. Ces natures abstraites ne sont plus des êtres ou des phénomènes naturels ou artificiels, mais des objets de connaissance. La catalogue annonce ainsi l'*Abécédaire*, et la comparaison des deux textes montre que Bacon se fait un concept évolutif de l'ordre de l'histoire naturelle et expérimentale : l'ordre du catalogue fondé sur la description commune des divisions du monde est l'ordre de l'histoire au commencement de la recherche, alors que l'ordre de l'abécédaire est celui de l'histoire au moment où elle s'ouvre sur la physique.

Les tables de l'histoire naturelle

Cette conception dynamique de l'histoire est encore plus flagrante si on examine la méthodologie interne à chacune des histoires. L'expérience au sein de l'histoire doit être bien ordonnée et classée (NO, I, 82). Pour cela, il faut introduire « un lien méthodique, un ordre et un progrès tout différent dans l'enchaînement et l'avancement de l'expérience » (NO, I, 100). Car la première difficulté est l'éparpillement et la dissémination de la simple expérience. L'entendement ne parviendra à rien

« à moins que par des tables d'invention appropriées, justement distribuées, et pour ainsi dire vivantes, on ne range et coordonne les particuliers qui se rapportent au sujet de la recherche, et que l'esprit ne s'applique aux aides ainsi ménagées et disposées par ces tables » (DO, I, 102 ; CV, XVIII).

Les tables sont nécessaires pour changer le divers recueilli en une information utile, mais elles ne peuvent être construites *a priori* puisqu'il faut commencer par l'expérience et on ne peut non plus prétendre les en tirer, puisqu'il faudrait alors préjuger de leur bonne orientation. Pour échapper au cercle, on a dit que Bacon s'inscrivait dans la tradition des topiques, de la doctrine rhétorique des lieux (l'art de la mémoire) ou encore qu'il s'inspirait de la pratique des dialecticiens. En ce cas, les tables relèveraient entièrement d'un art de la disposition dont on attendrait qu'il rende apparente la délimitation des natures simples et leur hiérarchie. En un mot, les choses parleraient d'elles-mêmes dès lors qu'elles seraient convenablement disposées. En revanche, si on en fait un procédé d'invention, alors il faut les tenir pour le moyen qui permet de progresser insensiblement « de l'histoire et des particuliers aux objets généraux par une échelle ascendante continue » (Del., 547-548, 264 a). Bacon n'exclut pas tout à fait qu'il se présente des cas où les choses parlent d'elles-mêmes, et il ne dédaigne pas de faire des suggestions concernant l'art de la mémoire (NO, II, 26). Mais il est parfaitement conscient du paradoxe de l'invention, selon lequel pour chercher il faut déjà avoir trouvé. Et traitant des tables, il résout la difficulté comme chaque fois qu'il la rencontre : la méthode doit se montrer plastique. « D'aucune façon, nous n'espérons pouvoir découvrir la vraie veine de la chose, dès le commencement de la recherche, qui ait proportion à l'univers, et de telle sorte qu'il en résulte une division exacte ;

mais seulement la veine apparente qui servira à disséquer passablement le sujet en parties ; car la vérité surgira plus rapidement de l'erreur que de la confusion, et la raison corrigera plus facilement la division, qu'il ne pénétrera la masse non divisée » (Del., 553, 268 b). Il faudra remplacer les premières tables, encore grossières, par d'autres tables plus précises : « car nous voulons que les premières suites de tables ou de mémoires soient, pour ainsi dire, mobiles sur leurs pivots, qu'elles ne soient que des ébauches ou des essais de recherche » (*ibid.*). Et toutes trouveront une efficace accrue lorsque, mises au service de l'induction vraie, c'est-à-dire de la raison, leur sera appliquée une fonction méthodique jusque-là insensible : l'exclusion, afin non plus seulement d'enregistrer des faits, mais d'orienter la recherche vers les causes. Alors les erreurs qui auront pu subsister dans le recueil des faits seront « facilement retranchées et rejetées par les causes et les axiomes inventés » (NO, I, 118). Les tables de l'histoire naturelle sont en creux les tables de comparution mises à la disposition de l'entendement, elles-mêmes révélant à leur tour les tables d'exclusion où s'affiche expressément le ressort inductif.

Au moment de ses premiers projets d'histoire naturelle (vers 1608), Bacon avait tenté de programmer cette méthode plastique. Le *Commentarius solutus* distingue ainsi trois moments, trois « sections » successives : la *sectio ordinis* pose les premières divisions encore empiriques, à partir des différences apparentes et fixe les premières articulations ; la *sectio rerum* présente l'histoire ordonnée selon ces premières divisions, mais recherche déjà les instances aptes à favoriser le progrès inductif ; enfin la *sectio lucis* pratique la dissection analytique qui permet de passer aux divisions intérieures et réelles des choses et qui mène à l'invention des axiomes. Et en tête du volume consacré à l'*Histoire des vents*, Bacon présente encore la méthode qu'il va suivre dans la constitution des tables.

L'experientia literata

Elle se trouve à la charnière de l'activité de la mémoire et de l'activité de la raison.

La fin de la connaissance est double : spéculative et pratique. Bacon fait la critique des empiriques et des mécaniciens qui cherchant l'utilité immédiate se lancent dans le recueil des faits ou dans l'expérimentation, sans ordonner au préalable le champ de l'expérience ni s'interroger sur les causes. Les tables de la mémoire assument la fonction d'ordre, mais elles ne sont pas encore directement engagées dans la recherche des causes. Or cette recherche demande du temps et du labeur, et l'utilité des hommes n'attend pas : il faut répondre d'urgence aux besoins. En conséquence de quoi, à chaque degré de l'échelle ascendante, et quelque imparfaite que soit la connaissance, Bacon envisage le bénéfice pratique de ce qui vient d'être acquis, et selon le mode d'acquisition – ce qu'on pourrait appeler des raccourcis pratiques, de nature provisoire, puisqu'ils sont dépassés à chaque progrès nouveau.

De la mise en ordre opérée par les tables, on peut tirer un premier bénéfice, il est vrai sous une condition. Les tables ont pour fonction d'enregistrer et d'ordonner le divers empirique. La condition est qu'elles soient présentées sur un mode écrit, l'écriture arrêtant la disposition et faisant apparaître d'éventuelles carences (NO, I, 101 ; Del., 554, 268 a). Non seulement parce que la mémoire ne peut tout conserver sans s'aider de l'écriture (DA, 647, 145 a), mais aussi parce que s'impose un devoir de publicité : il faut mettre la matière recueillie à la disposition de tous. On obtient ainsi l'*expérience lettrée* (ou *guidée*, dans la traduction de Lasalle) qui précède le moment proprement intellectuel de l'invention des notions et des axiomes.

L'expérience lettrée essaie d'aller des particuliers connus aux particuliers inconnus, sans faire appel aux causes générales (l'interprétation de la nature va des particuliers aux axiomes). À cette fin, elle utilise divers procédés empiriques, dont le principe est l'extension analogique : procédés longuement détaillés par le *De augmentis* V, 2, le but étant de transposer des résultats féconds déjà enregistrés jusque-là dans des champs encore inexplorés, ou de tenter des expériences qui n'ont pas encore été menées. À ce titre, l'expérience lettrée entre dans les arts d'invention, à côté de l'art d'inventer des arguments (topique). Sa matière d'élection est constituée par les *experimenta* : *ab experimentis ad experimenta*. Elle est la chasse de Pan.

Elle n'est pas une procédure aveugle, puisque le passage de l'expérience à l'expérience se fait selon une certaine direction, un certain ordre, mais elle opère plus par sagacité que par connaissance des causes (AD, 633, 136 a). Ce sont toutes ces procédures expérimentales que l'on pratique dans les laboratoires qui reposent sur le principe non énoncé de la régularité et de l'homogénéité de la nature. Assurément, les choses qui sont ainsi découvertes ne sont pas totalement certaines. Mais entre la simple ignorance et la connaissance parfaite, on dispose de degrés intermédiaires de certitude, propres à soulager l'effort de l'esprit et à conduire à certains avantages pratiques, avant qu'on ne parvienne à une pleine appréhension des causes.

Bacon souligne à la fois l'intérêt et la limite de l'expérience lettrée, qui est ainsi une forme d'intelligence expérimentale. La simple transposition des expériences d'un seul art dans les autres arts peut susciter de nombreuses inventions nouvelles ; mais il ne faut pas trop espérer : « Il faut espérer bien davantage de la lumière nouvelle des axiomes, lorsqu'ils sont extraits des particuliers par une voie et une règle sûre : axiomes capables à leur tour d'indiquer et de désigner de nouveaux particuliers » (NO, I, 103). En conséquence de quoi, on conjoindra les deux démarches : « Notre méthode n'est pas autre chose que l'expérience lettrée et que l'art et l'acte rationnel d'interpréter sans détour la nature, et la voie véritable qui va des sens à l'entendement » (RP, 573, 115).

L'abstraction des notions

Une fois constituée une histoire naturelle et expérimentale abondante et fiable, il faut entrer dans l'art de l'invention proprement dite, l'induction, qui relève de l'activité de la raison. L'histoire présente le divers empirique, les *particularia*, en les ordonnant. Mais il faut déterminer plus précisément le *terminus a quo* et le *terminus ad quem* de l'invention, et procéder à l'abstraction des notions, une induction qui n'est pas séparable de l'induction des axiomes.

Dans sa critique de la logique, Bacon avait dénoncé les notions logico-ontologiques introduites par Aristote dans la philosophie naturelle. Mais matériellement le lexique baconien conserve l'essentiel de la terminologie aristotélicienne, le Chancelier aimant à redire qu'il obéit, comme en politique, au sage précepte de changer les choses sans changer les mots. Ainsi du terme de substance. Répudiée à titre de catégorie (NO, I, 15), il est toujours employé pour désigner d'une façon générale les choses concrètes, prises individuellement ou dans l'identité de l'espèce : *in substantiis (quæ vocant) seu naturis concretis* (NO, II, 17 ; II, 35 ; etc.). Elle peut s'élargir jusqu'à signifier toute existence en générale, incorporelle (II, 37 : *entia et substantiæ separatæ et incorporeæ*) ou corporelle (NO, II, 48 : *corpora et substantias*). En vérité, de métaphysique la notion devient physique : la substance est toute unité d'existence apprésentée physiquement et étudiée par la physique concrète.

Quant aux transcendantaux, qui traditionnellement transcendent tous les rapports et toutes les différences entrant dans la définition des êtres, Bacon en conserve le sens puisqu'il les donne pour objets de la philosophie première à côté des axiomes les plus généraux, visant ainsi par là tout ce qui peut être commun aux sciences particulières. L'*Abecedarium* (OFB, XIII, 217-219) donne six couples de transcendantaux et réordonne les titres donnés dans le *De augmentis* (550, 87 b) à partir des deux couples *ens/non ens* et *possibile/impossibile*. Les transcendantaux n'enrichissent pas la connaissance, mais suscitent une recherche plus générale sur les « conditions adventices des êtres » (*adjuncts of things*, AL, 347, 112). Ils permettent de qualifier l'économie générale de la nature et la répartition des choses en son sein. Ce sont des catégories d'examen qui incitent la recherche physique à commenter l'unité de la nature, au moment où elle s'attache à en fixer les divisions. Ainsi le transcendantal de la quantité n'entre pas directement dans l'étude de l'être des choses examinées, et à cet égard on le dira adventice, cependant il est utile de s'interroger sur cette condition générale d'existence qu'est le nombre ou la rareté.

À la différence des notions logiques, les notions physiques sont susceptibles d'être rectifiées et, au terme d'une abstraction correcte, d'être exactement déterminées. Les notions des espèces dernières sont les moins trompeuses (NO, I, 16). L'espèce est un quasi-individu, mais déjà la ressemblance a opéré et abstraction a été faite des conditions de lieu et de temps. Les plus égarantes, car mal abstraites des touts concrets, sont celles des qualités sensibles érigées en notions communes : le lourd, le léger, le dense, le ténu, etc. (NO, I, 15), précisément parce que ce sont elles qui, plus que les existences concrètes, sont le véritable objet de la science. L'abstraction n'est bonne que si les divisions de l'esprit se conforment aux vraies séparations de la nature. Il faut pour cela mettre en œuvre une méthode d'analyse qui, en même temps qu'elle réduit l'apparence phénoménale du donné de perception, progresse par une induction généralisante.

L'analyse, la *solutio* ou *separatio*, commence donc par la *reductio* ou *correctio* des sens : elle abstrait des individus les natures et les traite comme ces effets propres dont il faut rechercher les causes. Certes, dans la physique même abstraite, on continue de les rapporter à la matière, et le lien n'est pas entièrement rompu, mais ce sera à titre de schématismes, de textures (de configurations de la matière), ou de métaschématismes (de mouvements simples).

Soit le blanc la nature étudiée (VT, 236-237, 48-49 ; *cf.* NO, II, 23). Empiriquement, le blanc est une propriété qui appartient à la neige et à l'écume, mais aussi bien à ces autres existences concrètes que sont le verre pilé ou le blanc d'œuf. Faire du blanc une classe dont les individus soient la neige, l'écume, le verre pilé et le blanc d'œuf, c'est procéder à une abstraction simplement empirique qui ne détermine pas la notion et qui se borne à délimiter une extension. La détermination de la notion de blanc suppose que l'on cherche la cause du blanc, c'est-à-dire la forme de cette nature qu'est la blancheur. Soit le mélange de l'air et de l'eau en petites portions la cause de la blancheur de la neige et de l'écume. Cette détermination convient à la neige et à l'écume, mais ne vaut pas pour le blanc du verre pilé ou du blanc d'œuf où il n'y a pas d'eau. La notion de blancheur reste confuse puisque n'est pensée qu'une détermination relative aux deux premières sortes d'objets. Il faut donc lever cette restriction matérielle et parvenir à une détermination plus abstraite de la notion, applicable à un champ empirique plus large. On dira alors que la cause du blanc dans les quatre sortes de corps considérés est le mélange de l'air avec un corps transparent incolore et plus grossièrement transparent que l'air. Et ainsi de suite, la méthode consistant à élargir l'extension de la notion tout en accroissant sa détermination par une abstraction qui dégage peu à peu la cause réelle (la forme) de la nature étudiée et qui parviendra à son terme lorsqu'elle atteindra la forme universelle appliquée à la matière en général. Ainsi, l'activité de l'esprit ne consiste pas en un travail qui serait de clarification de ses propres notions, mais bien en un travail de connaissance. C'est pourquoi, l'induction des notions est indissolublement liée à celle des axiomes. La composante subjective encore présente dans la notion (qu'il faut toujours mieux déterminer dans l'esprit) s'efface progressivement devant la composante objective, c'est-à-dire la détermination formelle et nécessaire des natures. En quelque sorte, l'induction des notions le cède peu à peu devant l'induction des axiomes. Toutefois, l'antériorité logique de la première sur la seconde doit être respectée : on ne saurait inventer les formes si l'on n'a pas d'abord bien séparé les natures, établi leur extension et reconnu leur détermination. On va de la physique à la métaphysique, et non l'inverse.

Les tables de comparution

Il n'y a pas deux méthodes, celle de l'histoire naturelle, à la fois descriptive et expérimentale, rendue féconde dans l'*experientia literata*, et celle de l'induction proprement dite menée par l'entendement. La *ministratio ad intellectum* actualise les deux autres *ministrationes* dans la continuité desquelles elle vient. « C'est pourquoi en troisième lieu, il faut recourir à l'induction légitime et vraie qui est la clé de l'interprétation » (NO, II, 10).

Cette dernière phase de la méthode prête elle-même à plusieurs distinctions : il faut d'abord considérer les tables de comparution, puis mettre en mouvement le procédé de l'exclusion ; et une fois que l'entendement aura mis en œuvre cette méthodologie, étudier différentes aides à l'entendement (les instances prérogatives) afin d'abréger ou de faciliter l'induction qui est le cœur de la méthode.

Les tables de comparution présentent à l'entendement toutes les instances connues relatives à la nature étudiée (le blanc, le chaud, etc.). En cc sens, elles relèvent de l'histoire naturelle : « Il faut faire ce recueil en historien, sans spéculation prématurée, ni subtilité excessive » (NO, II, 11). Elles sont au nombre de trois : la table de présence, la table d'absence dans la proximité, la table des degrés ou table de comparaison.

La table de présence n'a d'autre fonction que celle du simple recueil : elle présente la qualité ou la nature donnée (par exemple le chaud) qui est étudiée dans les différents êtres, dans les matières dissemblables où elle apparaît, telle une propriété de la substance (les rayons du soleil, la flamme, la laine, etc.). La table d'absence présente les instances où la nature donnée est absente, quoiqu'on l'attendrait, dans des sujets qui s'apparentent à ceux où elle est présente. Elle comporte souvent des indications d'expériences à tester ou à poursuivre. Et puisque le nombre d'instances où la nature donnée est absente est indéfini, la table sera établie par proximité, c'est-à-dire de telle sorte que, là où l'esprit attendrait que la nature étudiée paraisse, elle est de fait absente (NO, II, 12). On double ainsi les instances affirmatives d'instances négatives. La nature étudiée apparaît alors indépendante de la ressemblance apparente des sujets ; et s'annonce en creux la nature naturante qui en est la cause. Quant à la troisième table, la table de comparaison, elle confirme le résultat des précédentes en examinant les degrés dans la présence et l'absence, ce qui est tourner l'esprit dans la direction de l'objet de la recherche : la forme qui, traitée comme une disposition dans le sujet ou en d'autres qu'on compare, doit croître ou décroître quand la nature donnée croît ou décroît. Elle teste la régularité de la correspondance entre la nature étudiée et la nature sous laquelle les sujets ou les corps sont apparentés ou diversifiés et elle annonce la nécessité qui devra lier la nature étudiée à sa cause formelle.

L'exclusion

« Une fois la comparution faite, il faut mettre en œuvre l'induction elle-même » (NO, II, 15).

Bacon emploie de manière mesurée le terme d'induction, mais toujours avec une valeur forte : *in hac certe inductione spes maxima sita est* (NO, II, 10). Le plus souvent, dans le *Novum organum* le mot est suivi de la définition de la méthode qui est de séparer la nature par les rejets et les exclusions obligées, puis, après un nombre suffisant de négatives, de conclure sur les affirmatives (NO, I, 105 ; I, 69 ; II, 16 ; DO, I, 137). Le mot est réservé au moment proprement intellectuel de la méthode (*cf.* CV, XVIII où tout le procès « inductif » est présenté dans ses étapes successives, le terme lui-même n'apparaissant qu'à la fin). C'est l'induction qui protège les sens, presse la nature et incline aux œuvres (DO, 136), c'est elle qui, permettant de dégager les notions et les axiomes, est le remède contre les idoles (NO, I, 40). *Adhibenda est inductio legitima et vera quæ ipsa clavis interpretationis* (II, 10) : une clé qui a pour fonction de résoudre le problème de l'invention, qui est en même temps celui du rapport de l'analyse et de la généralisation dans l'abstraction.

Récapitulons : la source de la connaissance est l'expérience sensible dans laquelle le monde commun est donné. Mais, étant simplement empirique, cette expérience est en même temps un obstacle à la connaissance : elle entretient l'illusion que les existences concrètes qu'elle présente sont les choses telles qu'elles sont, alors qu'elles n'en présente que le phénomène. Il faut dissiper cette illusion, et cela dès la comparution des faits, dès l'enregistrement des particuliers dans les tables. Le premier pas consiste donc à anatomiser les substances et à distinguer, relativement à la nature étudiée, les différentes qualités ou natures qui y sont entremêlées. Les tables de comparution accomplissent cette tâche.

Mais Bacon interdit qu'on puisse parvenir à la forme et la poser à l'affirmative au seul vu de ces tables. Il faut, au fur et à mesure que l'on progresse dans la détermination de la cause, exclure dans les *particularia* toutes les qualités qui ne sont point déterminantes. Telle est la fonction de l'exclusion : rejeter toute nature qui est présente quand la nature donnée est absente, ou absente quand la nature donnée est présente, ou croissante quand la nature donnée est décroissante, et inversement. Le ressort de l'induction est tout entier concentré dans ce rapport varié de la présence et de l'absence.

Ainsi seront réalisées « la séparation et la solution des corps, non par le feu, mais par la méthode de l'induction vraie, aidée d'expériences, par la comparaison avec les autres corps et par la réduction aux natures simples » et à leurs formes qui concourent et se mêlent dans le composé » (NO, II, 7 ; II, 16). L'exclusion accomplit plus sûrement l'analyse que le feu des chimistes et concentre la recherche sur la relation entre la nature donnée qu'on étudie (le chaud) et une autre nature (une forme) qui doit être régulièrement corrélée à la première de telle sorte que l'on puisse dire que celle-ci produit en tout corps celle-là lorsqu'elle est observée. Pour abstraire il faut analyser, mais pour analyser il faut aussi abstraire et passer ainsi à un degré supérieur, selon une échelle progressive de détermination.

En effet, l'analyse est moins une technique des résidus qu'une méthode inférentielle appliquée aux différences. Comment à partir de la différence peut-on inventer le genre, comment à partir de la négative peut-on poser l'affirmative dont elle est la limite ? Le propos n'est aristotélicien qu'en apparence, puisque dans ce raisonnement le genre est plus déterminant que la différence, il est plus pleinement la cause. Bacon est plus proche de Platon que du Stagirite. Platon avait compris que les formes, et non pas les existences sensibles, sont l'objet de la recherche. Toutefois, il ne comprit pas le sens de l'induction, faute de maintenir la forme dans sa relation à la matière (CV, XIII ; DA, 617, 127 b ; RPh, 569, 105-107), de sorte qu'il en fit un objet théologique. Les formes sont réelles, mais ce ne sont pas des êtres. La tension inductive entre la matière et la forme, entre l'évidence empirique et la connaissance abstraite doit être conservée. De sorte que le genre n'est définissable que dans son rapport à la différence qui l'incarne dans une matière. L'induction, si l'on parvenait jamais à son terme, ne déboucherait pas sur la contemplation des Idées. Car l'échelle ascendante renferme par une nécessité qui n'est pas que méthodique l'échelle descendante (DA, III, 3). L'affirmative, qui est alors la définition, retrouve à titre de différences vraies la suite des limitations qui avaient été rejetées comme autant de restrictions matérielles. Pour déterminer la nature-forme dans l'analyse des existences concrètes, il faut toujours revenir, pour la mesurer, à l'étendue du champ d'expérience mobilisé.

Pour reprendre l'étude de la blancheur (l'induction des axiomes allant de pair avec l'induction des notions), la première analyse conduit à l'affirmative suivante : du mélange par petites portions de l'air et de tout corps incolore inégalement et plus grossièrement transparent résulte la blancheur. Cette proposition est vraie, quoiqu'elle fournisse une explication grossière, puisqu'elle ne nous introduit pas dans la structure invisible des corps ; mais surtout elle n'est pas valable, comme on l'a dit, pour le verre écrasé en poudre ou les œufs battus en neige (le verre et l'œuf étant des corps colorés). Il faut donc écarter le caractère incolore et passer à une explication élargie, qui réponde au champ d'expérience ainsi étendu ; et donc passer par analyse à une conception plus déterminée des deux substances (l'air et l'eau) qui sont mélangées. Ce qui se fait en excluant des propriétés (le caractère incolore, le caractère grossier de la transparence) qui dans ces corps sont mélangées avec la propriété déterminante. Il faut donc répéter le procédé à chaque affirmative, faire jouer la négative (une expérience falsifiante) et pratiquer une nouvelle exclusion par voie d'analyse, pour passer à un degré supérieur d'abstraction. Quand l'on aura ainsi gravi tous les degrés, l'on arrivera à cette affirmative, la plus générale, que lorsque sont mêlés deux corps inégaux en proportion simple, ce corps est blanc. Et l'on pourra proposer une théorie générale de la couleur.

À chaque étape la base empirique devient plus large, jouant le rôle d'une vérification de plus en plus étendue quoique toujours partielle, de sorte qu'elle falsifie la loi énoncée qui s'avère n'être pas assez générale. Corrélativement, chaque affirmative est portée à un certain degré de généralité… mise en défaut par la négative qui survient. Le ressort de cette dynamique est la négative (la falsification) qui entraîne, au degré d'abstraction où l'analyse se tient, une exclusion à la fois des propriétés non pertinentes et du reste de phénoménalité. Les prédicats retenus perdent graduellement et continûment de leur valeur empirique et, pour ainsi dire, disent de moins en moins les choses concrètes tout en rendant de plus en plus intelligible et simple la nature qui est la cause. Au plus haut degré d'abstraction, le substrat n'est plus déterminé que comme étant un corps en général.

La clé de l'interprétation

Lorsqu'on dit que le mélange de l'air et de l'eau en petite portion produit de la blancheur, l'on énonce la cause du phénomène et cette cause est la raison nécessaire de cet effet, du moins dans la neige et dans l'écume. Et puisque celui qui peut déduire l'effet de la cause peut le produire, on peut produire la blancheur de la neige ou de l'écume. L'on a ainsi un rapport de nécessité à la fois théorique et pratique. Concernant la neige et l'écume, l'explication est universelle et nécessaire, puisque, quand la cause est présente ou absente, l'effet est présent ou absent. Mais ce n'est pas déduire ou produire l'effet en tout corps, puisque cela n'est pas vrai pour d'autres corps blancs. La proposition affirmative énoncée est vraie, mais elle n'est pas universelle. On répétera le raisonnement au degré supérieur, et le gain sera double : on aura une meilleure connaissance de la nécessité productrice de la cause qui sera mieux déterminée et l'on aura gagné en universalité. Tout le pouvoir de l'induction réside dans ce rapport en deux temps de la nécessité et de l'universalité. La négative (la falsification) qui est la conséquence d'une universalité bornée est le ressort d'invention de l'affirmative d'un degré supérieur, laquelle pose un nouveau rapport de nécessité entre la cause et l'effet.

En d'autres termes, la connaissance que l'on a de la blancheur est bien certaine, mais seulement relativement au domaine d'expérience composé de la neige et de l'écume ; elle cesse d'être valide si on élargit ce domaine au verre pilé ou à l'œuf battu. De sorte que l'esprit doit se libérer de cette première explication qui est trop restreinte et accéder à une explication plus abstraite et en même temps plus générale. Et à chaque pas la dynamique se répète. Telle est la règle de certitude et de liberté qui est la clé de l'interprétation (NO, II, 4 ; VT, 235, 48). La

première explication n'est pas invalidée, mais elle est strictement confinée à son domaine d'application. Savoir que telle
cause engendre toujours tel effet dans telle matière déterminée
ne garantit pas que la cause en question soit toujours la cause
propre et nécessaire de l'effet. L'explication suivante couvre un
champ d'expérience plus large qui inclut le précédent, mais sur
un mode plus abstrait. Elle est plus subtile, c'est-à-dire plus
proche de la subtilité de la nature, elle s'approche davantage de
l'explication pleine et entière du phénomène. D'une manière
générale la règle de la certitude prend appui sur la règle de la
présence qui affirme la relation universelle entre la cause et
l'effet, entre la forme et le phénomène, entre la *natura naturans*
et la *natura naturata*. Or, toute loi prétendant par essence à
l'universalité, cette certitude est abusive. Il faut donc qu'inter-
vienne la règle de la liberté, laquelle argue de l'absence de
l'effet dans tel et tel cas, quand la cause connue est présente, de
sorte qu'il faut mieux la déterminer pour que la corrélation entre
les deux termes soit mieux vérifiée. Ainsi, « l'art d'inventer
s'accroît au fur et à mesure des inventions » (CV, XIX, *in fine*).
La science parfaite sera atteinte quand la cause sera strictement
adéquate à l'effet.

La forme

Ainsi l'induction résulte de l'action corrélée de la nécessité
et de l'universalité. Ces critères étaient exigés pour définir la
nécessité des prémisses de la démonstration dans les *Seconds
analytiques* d'Aristote. Ils avaient fait l'objet d'une réélabora-
tion dans l'œuvre de Ramus qui, comme le rappelle Bacon, y
avait vu les trois lois requises pour définir la méthode (AL, 189 ;
DA, 156 a). Bacon diffère d'Aristote en les prenant non comme
une description formelle de toute proposition scientifique, mais
comme la dynamique de l'invention des propositions. Quand on

compare les trois critères d'Aristote et les deux lois de la certitude et de la liberté de Bacon, on voit aisément que la règle de certitude correspond à la loi de l'universelle attribution du prédicat au sujet (κατὰ παντός) ou à la loi d'application universelle de Ramus (*lex de omni* ou *lex necessitatis universalis*). La règle de la liberté semble correspondre à la troisième loi d'Aristote, qui dit que le prédicat appartient au sujet par soi et en tant que lui-même (καθόλου) et à la *lex universali* de Ramus, loi de totale application (*lex necessitatis proprietatis*).

Pour Aristote cependant la seconde loi, que le prédicat appartient à l'essence du sujet (καθ'αὐτό), est la plus importante, puisqu'elle fonde l'universalité et la validité des propositions et des syllogismes sur la nécessité qui dérive de l'essence des choses. Ramus reprend cette loi en loi d'application essentielle (*lex necessitatis cognationis*). Chez Bacon, la disparition du καθ'αὐτό affecte le κατὰ παντός, puisque sans la connaissance de l'essence la classe ne peut être connue que matériellement et doit donc être constituée par induction ; ainsi que le ᾗ αὐτό qui imposait que le prédicat entrât dans la compréhension des seuls sujets considérés, alors que chez Bacon la restriction n'est que la limite de la certitude. Dans le *Novum organum*, cette seconde loi d'Aristote semble changée en la règle de convertibilité. « Qu'on invente une autre nature qui soit convertible avec la nature donnée et qui soit cependant la limitation d'une nature plus connue, comme d'un genre vrai » (NO, II, 4). Et ce changement est capital. Dans l'interprétation de la nature, la convertibilité est obtenue par l'application de la règle de l'absence à la règle de la présence : si, la forme (la cause) étant présente ou absente, la nature donnée (le phénomène) est présente ou absente, alors il y a convertibilité de la forme et de la nature donnée. La forme est la définition causale de la nature donnée, mais seulement dans les limites de la nature donnée ; ce qui signifie que l'explication reste imparfaite. Cette convertibilité n'entraîne donc pas une exacte identité. Car la forme inventée est la cause de la nature donnée pour autant qu'elle la tire d'une nature plus générale plus connue par nature (et non par nous-mêmes) et dont elle est la limitation ou la vraie différence; de sorte qu'elle est une sorte de rapport entre deux degrés de généralité, renouvelé à chaque niveau d'explication, jusqu'à ce que l'induction arrive à l'affirmative de la forme simple.

La forme est la cause de la nature donnée. La forme ne se découvre que par l'opération d'une induction progressive et continue. Platon est moins coupable qu'Aristote qui a construit un système entièrement fantastique et corrupteur (en substituant des notions logiques aux notions physiques) (CV, XIII; RPh, 569, 105) : c'est plus par faiblesse que Platon a péché, *introducendo formas abstractas et causas finales et causas primas; omittendo sæpissimo medias et hujusmodi* (NO, I, 65). Il a placé les formes dans un monde théologique, puis il les a déclarées impossibles à atteindre (VT, 239, 52; NO, II, 26). Mais ce faisant, s'il a bien vu que la science la plus élevée (la métaphysique) a pour objet les formes, il a perdu « le fruit réel de cette conception en considérant les formes comme purement abstraites de la matière, et non déterminées dans la matière » (AL, 82; DA, 96 b), de sorte qu'il est tombé dans des rêveries superstitieuses.

La forme n'est pas la forme d'une substance, mais la forme d'une nature. Toutefois, on ne saurait accorder aux formes le primat de l'être, « dans la nature n'existe vraiment que des corps individuels, accomplissant des actes purs individuels, d'après une loi » (NO, II, 2). Et d'autre part, « la forme de la chose est la chose en son être même » (*res* désignant ici la nature donnée) : d'où la réciprocité de la *natura naturans* et de la *natura naturata* : « Il n'y a d'autre différence entre la chose et la forme que celle entre l'apparent et l'existant, ou l'extérieur et l'intérieur, ou la chose relativement à l'homme et la chose relativement à l'univers » (NO, II, 13). Ou dit autrement, il faut que la forme soit bien déterminée dans la matière (NO, II, 1).

Ainsi la forme est-elle en raison inverse de la particularité de la matière considérée. La forme est d'autant plus déterminée qu'elle est plus universelle et plus constante, sa caractérisation étant moins dépendante du champ empirique de référence et de la multiplicité des rapports d'efficience. Mais elle est aussi plus nécessaire. À mesure qu'on progresse dans l'échelle de l'induction, la cause est de plus en plus déterminante, elle gagne en nécessité, elle est plus forme (si l'on peut dire) : *forma vera*. La détermination de la forme, relativement à la nature dont elle est la cause, s'exprime dans la corrélation stricte entre elle-même et la nature donnée en question.

Mais la forme déterminée est aussi la différence vraie : *formæ sive veræ rerum differentiæ*. Il semble ainsi que Bacon revienne à la disposition aristotélicienne de l'espèce et du genre. Comme on vient de le voir, la convertibilité du *definiens* et du *definiendum* se fait sur fond de la délimitation d'un genre plus élevé par la différence spécifique. La convertibilité dit l'ajustement du rapport entre la cause, prise formellement, et son effet. Mais la définition à laquelle on parvient de la sorte n'est qu'un moment dans l'induction aussi longtemps que l'on n'est pas parvenu aux termes premiers. En montrant que la règle d'absence a une application trop bornée, on montre que la cause formelle est elle-même insuffisamment déterminée, c'est-à-dire qu'elle se comporte comme une cause efficiente relativement au champ empirique de référence. Et l'effort de détermination ne peut se faire que dans le sens d'une plus grande généralité qui s'indique dans la définition même, lorsque la différence spécifique s'affiche comme la délimitation d'un genre plus connu par soi et auquel il faut accéder pour répéter le travail inductif de la connaissance. Quant à la définition, si on la prend en elle-même sans la considérer dans son évolution, elle est bien une définition par genre et par espèces. Ainsi de la chaleur : « Il résulte que la forme ou la définition vraie de la chaleur (prise dans son rapport à l'univers et non relativement à la sensibilité) est en peu de mots la suivante : la chaleur est un mouvement expansif, réfréné et faisant effort par les petites parties » (NO, II, 20). La « quiddité de la chaleur » est le mouvement, mouvement qui est limité par les différences exposées.

La forme est aussi la loi. « C'est une même chose que la forme du chaud ou la forme de la lumière, et la loi du chaud ou la loi de la lumière » (NO, II, 17). La loi est à comprendre dans son sens général de commandement : non seulement on connaît ainsi la forme du chaud, mais on peut produire le chaud. La connaissance de la forme est ainsi opératoire, puisqu'elle prescrit l'effet. Suit de la sorte la partie opérative. Mais Bacon dit plus : *leges et determinationes actus puri*. Certes, il ne faut point penser l'acte comme l'actualisation de l'essence formelle d'une substance. Le propos est physique. « Il faut suivre l'école de Démocrite qui, plus que tout autre, a su pénétrer la nature. Il faut considérer la matière et ses schématismes, ses méta-schématismes, l'acte pur et la loi de l'acte ou du mouvement » (NO, I, 51). Connaître la cause, c'est pouvoir engendrer l'effet, puisque la connaissance de la cause donne la loi de l'opération. Toute opération (qui n'est point magique), prise dans son effi-cience, naturelle ou artificielle, est un mouvement lié à une certaine organisation matérielle des corps, ce par quoi l'on produit l'effet, mais seulement dans des matières semblables. De sorte que l'effet sera inévitablement limité à certains corps. Mais celui qui connaît les formes connaît de manière pleine et déterminée les lois du mouvement, et il les connaît relativement aux divers schématismes de la matière ; de sorte que non seulement il peut produire l'effet recherché dans des corps semblables, mais il peut « déplacer les délimitations plus profondément ancrées des choses » car « il embrasse l'unité de la nature dans des matières très différentes ». L'effet est alors plus libre relativement à la matière et il est plus constant. La forme est ainsi la loi de l'effet, l'acte purifié de tout ce qui reste de limitation et d'incertitude dans la connaissance simplement physique.

Ainsi la métaphysique permet-elle la magie, qui est un mode d'opération qui est encore à inventer, car on ne saurait le confondre avec la magie naturelle et superstitieuse qui traite des sympathies et des antipathies, des propriétés occultes, et autres frivolités. La magie « est la science qui de la connaissance des formes cachées déduit des opérations admirables, et qui, en joignant comme l'on dit, les actifs avec les passifs, dévoile les grands mystères de la nature » (DA, 573, 101 a), entre lesquels la transmutation des corps ou la possibilité de retarder la vieillesse. Les effets magiques, autant qu'on puisse les conjecturer, se réalisent selon trois modes : par auto-multiplication, par excitation (l'aimantation), par devancement du mouvement (NO, II, 51).

La deductio ad praxin

La fin de l'entreprise est-elle spéculative ou est-elle opérative ? « Ces deux fins jumelées, la science et la puissance humaines, aboutissent véritablement au même » (DO, 144, 87). On peut penser cette unité, si on reprend une dernière fois la structure de l'induction. « La voie à suivre ne se tient pas dans un même plan : elle monte d'abord aux axiomes et descend ensuite aux œuvres » (NO, I, 103). Elle monte et elle descend : elle passe donc par des degrés. Il faut considérer chaque degré relativement à ce qui est au dessus de lui et relativement à ce qui est au dessous de lui. La voie de la montée est celle de l'induction, celle de l'invention de la cause à partir des phénomènes (des effets); et Bacon fait la critique de ceux qui se précipitent vers l'efficience : non seulement, ils ne servent pas bien l'utilité des hommes car leurs productions sont peu nombreuses ou hasardeuses (NO, I, 7-8); mais ils n'ont pas le désir de connaître. Il faut s'arrêter auprès des choses mêmes (IM, préf., 129, 68). En revanche, à chaque degré on peut prendre la voie de la descente et engendrer des œuvres, sans que la science de la cause soit encore suffisante pour faire reposer l'action sur une loi parfaitement générale. L'effet est produit de manière certaine, mais dans un champ d'application limité. La puissance opérative est toujours finie étant relative à un champ d'application. En ce sens, elle appelle toujours un nouvel effort spéculatif.

Bacon nomme *deductio ad praxin* cette opération par laquelle l'esprit va des principes aux œuvres (les expériences et les arts), lorsqu'il annonce la septième classe des instances prérogatives (NO, II, 21). Ce terme de *déduction* se comprend bien puisque la cause est convertible en son effet et que le rapport est de nécessité. La pratique est rendue d'autant plus fructueuse que ledit rapport a plus de nécessité : elle est régie par la règle de la certitude. Inversement, l'induction est sous la règle de la liberté : quelles que soient les productions des hommes, ceux-ci ne sauraient s'en contenter, car il y a dans les œuvres produites une limitation qui reste à lever, dans l'esprit de produire des œuvres plus parfaites et donc plus utiles au genre humain.

En NO, II, 20, Bacon précise : *deductio ad praxin sive de eo quod est in ordine ad hominem*. Cette dernière expression est ici employée en valeur positive, alors que, touchant l'effort de la connaissance, elle apparaît en valeur négative, puisqu'il est requis de ne pas en rester à ce qui est *in ordine ad hominem* mais de passer à ce qui est *in ordine ad universum* ou *ad analogiam naturæ* (NO, I, 43 ; II, 13 ; II, 20 ; etc.). Selon donc qu'on a affaire à la spéculation ou à la pratique, à l'*inductio* ou à la *deductio*, le terme final n'est pas le même : la nature ou l'homme. Mais le règne de l'homme prend place dans le règne de la nature. « Il n'existe aucune force qui puisse arrêter ou briser la chaîne des causes ». « On ne triomphe de la nature qu'en lui obéissant » (NO, I, 3). L'obéissance est dans le savoir ; mais le savoir étant la condition du pouvoir, elle est aussi dans le pouvoir. Bacon n'est pas un apôtre de la technique, il est fondamentalement un physicien.

LA TROISIÈME PARTIE DE L'*INSTAURATIO MAGNA*

Le *Parasceve ad historiam naturalem et experimentalem*, suivi du *Catalogus historiarum naturalium*, est joint au *Novum organum*. Il annonce l'immense tâche de l'histoire naturelle qui fait la base propre de l'interprétation de la nature, une tâche qu'un seul ne saurait accomplir mais dont la connaissance ne saurait se dispenser. Les dix aphorismes qui constituent cet opuscule énoncent les règles à suivre par quiconque veut fournir à l'entendement une matière abondante et sûre. À ce titre, l'opuscule relève encore du discours sur la méthode et donc de la seconde partie de l'*instauratio magna*, quoiqu'il prépare la troisième partie, comme le faisait déjà la *Scala intellectus sive filum labyrinthi*.

Dans cette troisième partie, Bacon dit s'être engagé avant même d'avoir achevé tout ce qui était annoncé pour la seconde, afin qu'on pût juger sur un premier résultat l'œuvre à venir. Il donne ainsi en tête de l'*Histoire des vents* un programme composé de six titres (détaillés dans une postface) et à traiter dans les six mois : une histoire des vents ; une histoire du dense et du rare ; une histoire du lourd et du léger ; une histoire de la sympathie et de l'antipathie des choses ; une histoire du soufre, du mercure et du sel ; et enfin une histoire de la vie et de la mort. Seules la première et la dernière histoires sont offertes au public à la fin de 1622 et au début de 1623. L'histoire du dense et du rare, presque achevée, sera publiée en 1658 de manière posthume par le chapelain et secrétaire de Bacon, William Rawley. Des trois autres, on ne connaît que la préface. On possède en outre un début de traitement d'une histoire du son et de l'audition, ainsi que des considérations relatives aux minéraux.

L'*histoire des vents* est précédée d'une préface, « *Phœnomena universi, quœ est Instaurationis Magnæ pars III* » et de la *Norma historiœ prœsentis*. Celle-ci rappelle expressément le *Parasceve*, annonce un nouveau catalogue des natures à étudier et précise la procédure suivie, laquelle comporte successivement : un préambule ; les titres de recherche à développer, sortes de topiques plus ou moins organisées en direction des natures abstraites ; les contenus (observations et expériences, indications d'expériences) présentés éventuellement à l'aide de tables ; des directions ou suggestions d'expériences à mener ; des conseils sur le « protocole » des expérimentations à faire ; des rudiments d'interprétation des causes ; des canons, des suggestions pratiques ; le tout en vue de rendre plus proche l'interprétation de la nature elle-même. Dans le détail, Bacon s'efforce de tenir ses engagements (en étant conscient des limites du résultat obtenu) : ne point traiter l'histoire naturelle à la façon des érudits qui l'ont précédé, tout en n'hésitant pas à puiser dans les sources anciennes ou modernes ; présenter les phénomènes sans encore anticiper leurs causes, les expériences sans encore en exploiter les résultats, tout en conservant cette intention ; s'en tenir aux expériences lumineuses plutôt qu'aux expériences fructueuses, sans négliger totalement l'utilité des hommes.

Rien n'est plus important que le sujet de la vie et de la mort. Et le plus grand achèvement de la connaissance humaine serait la prolongation de la vie. « La fin de la connaissance est la découverte de toutes les opérations et de toutes les possibilités d'opération, depuis l'immortalité (si cela était possible) jusqu'aux moindres et plus humbles procédés des arts mécaniques », disait déjà le *Valerius Terminus* (222, 30).

L'*Histoire de la vie et de la mort* ne traite pas des maladies qui causent la mort, mais de la mort naturelle causée par la désintégration et l'atrophie de l'âge, et des moyens de la retarder. La première section est consacrée à la nature de ce qui est durable et aux causes qui en tout corps, inanimé ou animé, assurent sa permanence. La seconde examine les facteurs de destruction, la dessiccation, de l'aréfaction et de la consomption, ainsi que ce qui y résiste en tout corps. On passe de là aux seuls corps animés et au moyen dont ils disposent pour se réparer : l'alimentation. Puis on en vient aux hommes : Bacon, multipliant les cas illustres de longévité, développe une longue enquête sur les différents paramètres attachés à la longueur ou à la brièveté de la vie. On arrive enfin aux moyens de prolonger la vie. Ces moyens répondent à trois effets recherchés : empêcher la consomption, favoriser la réparation, rajeunir ce qui est devenu vieux ; et ils sont classés en dix opérations. L'ouvrage se termine sur trente-deux canons à valeur pratique récapitulant les acquis essentiels de la doctrine, et suivis chacun d'une explication.

La part la plus intéressante est assurément la théorie sous-jacente de la vie et qui avait fait l'objet d'une première élaboration dans les années 1610, dans un texte dont le manuscrit a été récemment retrouvé, le *De viis mortis, et de senectute retardanda, atque instaurandis viribus*. Le philosophe conteste la thèse en vogue chez les médecins que le corps dégénère par l'impossibilité de réparer l'humeur primordiale qui est à la source de la vie ct qui s'amoindrirait depuis l'enfance en même temps que diminuerait la chaleur naturelle : on observe en effet que certaines parties du corps se réparent assez bien et d'autres plus difficilement qui sont pourtant indispensables aux premières. Tout corps, inanimé (les cadavres, les fossiles, les métaux) ou animé (dans ses parties tangibles), est soumis aux vicissitudes de la nature et aux injures du temps. Trois actions principales conduisent à sa dissolution : l'atténuation ou diminution de poids (les esprits qui sont le principe actif, et qui sont des corps ténus, attaquant les parties plus épaisses), la fuite de la partie atténuée et, enfin, la contraction de la partie qui reste. À quoi il faut ajouter les influences externes qui, agissant sur l'esprit et sur les parties épaisses, tantôt excitent l'atténuation tantôt la tempèrent. Le propre d'un corps animé est d'avoir la faculté de repousser en partie les agressions extérieures, et surtout de se refaire en s'alimentant. D'où une première tâche : rechercher les appétits et les affects de la nature d'où découlent ces opérations, et, connaissant leurs causes, tenter de les retarder. Bacon envisage principalement le processus de la putréfaction, processus qui fait varier le rapport entre l'esprit et la matière qu'il corrode ; mais ce qui vaut pour la putréfaction instruit de ce qui se passe dans les opérations du corps animé, opérations susceptibles de le conduire au vieillissement. Le *De viis* retient trois opérations : l'esprit jouit de sa propre nature par l'agitation et le mouvement ; il se multiplie et se nourrit de certaines parties du corps ; il est capable de sortir et de s'approcher de substances apparentées pour s'unir à elles (phénomène sensible dans les corps inanimés, l'air qu'ils renferment tendant à s'unir avec l'air ambiant). Les esprits vitaux qu'on ne trouve que dans les corps animés échappent à ce processus. Mais on ne saurait les considérer isolément et, avec le temps, les opérations de la substance finissent par l'emporter sur les actions vitales, notamment l'alimentation, qui s'y opposent. La mort est une défaite.

LA QUATRIÈME PARTIE DE L'*INSTAURATIO MAGNA*

La quatrième partie doit donner « l'échelle de l'entende-ment ». Elle constitue encore un préalable à la philosophie naturelle elle-même, préalable dont la fonction est double : fournir des éclaircissements sur la voie à suivre et satisfaire à l'utilité immédiate des hommes. Aux fins d'éclaircissement, elle doit présenter des exemples de recherches menées selon la méthode de l'interprétation de la nature en des sujets divers et remarquables et pouvant servir de types ou de modèles.

Le fragment *De animato et inanimato* (1622-1623) aurait pu, s'il avait été développé, servir d'exemple à une telle recherche. De même les fragments *De magnete* (1625) et *Topica inquisitionis de luce* (1625) paraissent répondre à la même intention.

L'*Abecedarium novum naturæ*, dont on a découvert récemment le texte entier, est expressément déclaré appartenir à cette quatrième partie. Il est chargé d'offrir une échelle de travail à la philosophie seconde, c'est-à-dire un ordre raisonné des directions d'étude et de recherche des causes, à partir de l'histoire naturelle et expérimentale. Il repose sur une représen-tation globale de la nature, sous-jacente, qui rappelle les divi-sions de la physique et anticipe manifestement sur la philo-sophie seconde. Bacon suit un ordre alphabétique et se justifie ainsi : c'est là le travail d'un vieil homme certes dévoué à la postérité, mais qui n'a plus beaucoup de temps.

On commence par considérer la masse de la matière qui est inégalement répartie dans l'espace (le dense et le rare), ce qui induit les mouvements opposés du lourd et du léger. Cette inégale répartition, qui n'est pas sans rapport avec le chaud et le froid, crée les deux règnes du tangible (visible) et du pneuma-tique (le plus souvent invisible), ces deux composantes étant associées dans tous les corps en des proportions diverses. À quoi il faut joindre la recherche sur le volatil et le fixe. Ces cinq premières recherches concernent la quantité relative de la matière. De là on passe à l'étude des schématismes, c'est-à-dire de la structure et de la forme des corps, sous quatre titres successifs : les natures attachées aux corps tangibles, solides ou liquides (le stable et le fluide, le soluble et le non soluble, le glutineux, l'humide et le sec, etc.); les modes de présence de la matière pneumatique; les degrés relatifs d'homogénéité ou d'hétérogénéité des corps, ce par quoi ils ne sont pas des substances uniformes; enfin, ce qui fait la différence entre l'animé et l'inanimé, entre le sensible et l'insensible, à quoi il faut ajouter cette autre distinction entre deux principes primordiaux de la nature qui se retrouvent dans beaucoup de schématismes, à savoir le soufre et le mercure. Les propriétés fondamentales de la matière étant ainsi posées, on examine d'abord les mouvements simples, au nombre de 16 (19 dans le *Novum organum* (II, 48); 15 dans le *De augmentis* (560, 94)) notamment ceux par lesquels tous les corps matériels se défendent contre l'annihilation, puis ceux par lesquels ils luttent pour l'amélioration de leur condition (dont entre autres celui de congrégation majeure ou mineure). Ces mouvements simples peuvent se composer ensemble selon différents modes desquels résultent la désorganisation des corps, la séparation des parties, la composition, la putréfaction, la génération, le mouvement local, etc. Or ces mouvements de la nature sont aussi ceux que la pratique humaine doit mobiliser à ses propres fins; d'où l'étude nécessaire de la mesure de la quantité et des mouvements des corps. À quoi Bacon rajoute des titres relatifs aux sens et à leurs objets propres. L'*Abécédaire* se termine sur l'étude des grandes masses et des conditions des êtres qui fait la partie supérieure de la physique.

LA CINQUIÈME PARTIE DE L'*INSTAURATIO MAGNA*

La cinquième partie est censée n'être que provisoire : Bacon l'annonce comme étant composée de ce qu'il a pu inventer, prouver ou ajouter, non d'après les préceptes de la méthode de l'interprétation de la nature, « mais selon l'emploi ordinaire qu'on fait de l'entendement dans la recherche et l'invention (DO, 42, 86). Mise à part une courte préface, *Prodromi sive anticipationes philosophiæ secundæ* (avant 1611 ou après 1621 ?), qui est une déclaration générale d'intention, on ne possède rien de son éventuel contenu, peut-être parce qu'il aurait été singulier d'espérer des résultats importants de l'exercice de l'esprit livré à lui-même, le supposât-on libre de toutes les erreurs et de tous les préjugés hérités du passé (NO, I, 130). L'esprit naturel, on le sait, est lui-même source d'idoles et les quatre sortes d'idoles, naturelles et reçues, forment un système solidaire.

Mais on peut considérer aussi que cette partie devait accueillir la physique baconienne, élargie aux dimensions d'une cosmologie, dont on retrouve les éléments constituants éparpillés dans de nombreux textes. Bacon étant un philosophe, il était naturel que, ne pouvant plus faire fond sur la métaphysique aristotélicienne, il se fît une représentation physique du monde qui lui fût propre. Mais le travail de l'histoire naturelle et expérimentale s'avérant si lent et si considérable, une telle représentation ne pouvait avoir que le statut d'une anticipation : un procédé contraire au principe même de l'interprétation de la nature. Cette cinquième partie pouvait donc être l'aveu qui répare la faute.

Le traitement des instances prérogatives dans le *Novum organum* permet toutefois de réduire ce grand écart, puisqu'on y trouve la méthode directement appliquée à la physique spéculative, il est vrai convoquée pour fournir des exemples pertinents (éventuellement développés avec un degré certain de systématicité).

Inévitablement, cette physique spéculative se révèle éclectique en même temps que fragmentaire, et étrangement passéiste, alors que Bacon connaît les travaux de Copernic et de Galilée.

Le *De viis* relève de cette cinquième partie puisqu'il repose sur une théorie générale de la nature, expressément esquissée dans les deux aphorismes qui concluent l'opuscule. Il complète l'enseignement du *Thema cœli* (vers 1612). Selon cette théorie, deux principes également corporels composent tous les êtres sur terre : le principe actif, l'esprit, et le principe inactif, la matière tangible. Le premier agit sur le second et est la cause de tout ce qui se produit. L'univers lui-même qui est fini et plein s'ordonne selon cette opposition : au dessus de la lune se trouve le règne des substances pneumatiques, tandis que le centre de la terre est fait de la seule matière tangible. Le monde sublunaire est composé de corps où la matière pneumatique, inanimée ou animée selon que l'air ou la flamme, qui sont des corps pneumatiques quasi purs, y domine, est enfermée dans la matière tangible. Avec le temps, toute chose se dépouille de son esprit par l'effet conjugué de l'agitation de l'esprit et de la chaleur douce mais persistante venant des corps célestes. L'esprit dans les choses est soit séparé, soit ramifié : ou simplement ramifié ou ramifié et celluleux. L'esprit séparé est l'esprit des êtres inanimés, l'esprit ramifié, celui des végétaux, l'esprit ramifié et logé dans une cellule, celui des animaux. De là on explique la chaleur du corps animé, le pouls, la sensibilité.

À la répartition différente de la matière selon les zones du cosmos, il faut joindre le principe du mouvement céleste. Bacon en aurait emprunté la doctrine à un astronome arabe du XIIe-XIIIe siècles, Alpetragius, et cela par l'intermédiaire de Bernardino

Telesio, lui-même découvert à la faveur d'une lecture du *Philosophia sensibus demonstrata* de Campanella (1591). À la différence de Ptolémée, Alpetragius ne reconnaît qu'un seul mouvement céleste, celui de la neuvième sphère, celle des astres, lequel, se portant de l'est vers l'ouest en un jour sidéral, se transmet de manière atténuée aux sphères inférieures qui se meuvent donc plus lentement et d'un mouvement moins parfaitement circulaire (Rees, OFB VI, XXX *sq.*).

Le mouvement céleste est une conséquence de la structure physique de l'univers qu'on vient de dire. À l'air et à la flamme qui sont les corps pneumatiques correspondent dans les régions supérieures l'éther et le feu sidéral, l'éther étant le milieu dans lequel tournent les planètes qui sont des boules de feu sidéral ; dans les régions inférieures l'eau et l'huile, c'est-à-dire les corps « crus » ininflammables, et les corps gras inflammables ; et plus bas encore, en la terre, le mercure et le soufre. Ainsi, y a-t-il deux grandes familles de substances, parfaitement hétérogènes, d'un côté l'air (sidéral et terrestre), l'eau et le mercure, de l'autre le feu (sidéral et terrestre), l'huile et le soufre, leurs propriétés étant opposées et l'une dominant l'autre, ou inversement, selon la distance à laquelle on est de la terre ; ce qui permet d'expliquer, les corps mobiles étant livrés à leur nature propre, que le mouvement diurne est plus rapide pour les astres (où le feu est plus libre) que pour les planètes plus proches de la terre. Bacon doit à Paracelse l'association de l'air, de l'eau et du mercure, et celle du feu, de l'huile et du soufre. Sans faire du sel une troisième base comme le faisait son prédécesseur, il insère une famille intermédiaire pour rendre compte des corps vivants (lesquels puisent leur ressource dans les substances salées, unissent dans leurs humeurs l'huile et l'eau, et réunissent dans leurs parties animées ou inanimées l'air et le feu).

LA SIXIÈME PARTIE DE L'*INSTAURATIO MAGNA*

La *Distributio operis* annonce cette dernière partie sous le nom de *philosophia secunda sive scientia activa*, partie « à laquelle toutes les autres sont subordonnées » et qui sera l'œuvre de la philosophie devenue enfin adulte (DO, 44, 87). Bacon n'est guère explicite et en fait la tâche des générations à venir. Dans la philosophie seconde se réalisera l'union de l'homme et de la nature à la faveur de laquelle, connaissant les choses elles-mêmes grâce à l'interprétation de la nature, les hommes pourront étendre leurs actions et réaliser leurs fins. Cette partie est vide, Bacon n'ayant cessé de la retarder en multipliant les préliminaires et de la rejeter dans un avenir qui dépasse la capacité d'un seul homme. La remplir eût été parvenir au terme d'une entreprise démesurée dans son principe même.

LES ŒUVRES PRINCIPALES

*No doubt the sovereignty of man lieth
hid in knowledge.*

L'œuvre de Bacon se compose d'une multitude de textes dont beaucoup sont inachevés ou n'existent qu'à l'état de fragments ou ont été augmentés d'une édition à l'autre (les *Essais*, *The advancement of learning* augmenté dans la version latine du *De augmentis*). Et l'on y observe d'une manière générale beaucoup de répétition. Cet état a plusieurs causes. 1) Bacon, quoi qu'il dise, n'est pas un homme d'étude, même s'il nourrit un projet spéculatif, encore moins un érudit, même s'il sait disposer de la culture de son temps : ses fonctions officielles et ses diverses activités publiques occupent une part importante de sa vie. Et comme tous ceux qui se livrent à l'étude de manière discontinue, il lui faut à chaque fois reprendre *ab imo* son projet, un projet pourtant fixé dès le début des années 1600. Il est en même temps un homme pressé : d'où sa pratique récurrente de l'adresse, de l'apostrophe, de l'annonce. 2) Bacon a toujours pensé en même temps la réforme du savoir et la réforme des institutions du savoir, même après l'échec de *The advancement of learning* (1605) : son entreprise est à cet égard autant politique que philosophique. 3) Bacon a été avocat, juge et homme d'État : il lui faut persuader ses semblables, la reine ou le roi d'abord, l'élite influente ensuite et, par élargissement, la communauté des gens de Lettres. 4) En conséquence de quoi, sa pratique d'écriture est éminemment rhétorique : elle privilégie les petites pièces (essais, aphorismes, adresses, catalogues, etc.) et recourt aux métaphores, aux paradigmes, aux fables, à tout un jeu de signes et de procédés formels en honneur à son époque. 5) La grande question pour Bacon est : comment réussir à mener à terme une réforme, c'est-à-dire comment bien la commencer ? Bacon n'a jamais écrit, à tous les niveaux de son entreprise, que des commencements : bilans, méthodes, programmes, directions de recherche, premiers résultats à porter au crédit de l'entreprise.

THE ADVANCEMENT OF LEARNING (1605) ET LE DE AUGMENTIS (1623)

Comment commencer ? Bacon est un avocat : il sait que l'orateur, s'il veut emporter l'adhésion par son discours, doit tenir compte des affections et des préjugés de l'auditoire. Bacon est aussi un homme d'État : il sait que toute action politique doit prendre appui sur les opinions et les mœurs des citoyens. Que serait une vérité qui ne serait pas reçue, une décision qui ne serait pas applicable ? Cette exigence de communication n'est pas accessoire, parce que la connaissance est une conquête collective et le service du bien commun l'affaire de tous.

Les deux versions

The Proficience and advancement of learning divine and human, composé en 1603-1604, parut à la fin de 1605. L'ouvrage, divisé en deux livres, fut partiellement révisé en

1612 dans la *Descriptio globi intellectualis* (Sp. V, 503-544) et corrigé et augmenté, lors de sa traduction en latin, prenant alors le titre *De dignitate et augmentis scientiarum* (1623). Bacon eut recours à des traducteurs, mais il s'investit lui-même assez dans l'entreprise pour augmenter considérablement le contenu du second ouvrage, au point d'en faire quasiment un texte nouveau. Alors que la version anglaise répondait à l'intention de promouvoir la connaissance humaine auprès du nouveau roi qui était formé aux humanités et dont, en ce début de règne, Bacon et ses contemporains attendaient beaucoup, et qu'en ce sens elle poursuivait une fin proprement politique, la version latine, rédigée dans la langue universelle de l'époque, s'adresse à la communauté des gens de lettres, prise à l'échelle de l'Europe, ainsi qu'aux générations futures. Il s'ensuit une différence de style évidente : alors que le premier texte est animé d'une impatience que Bacon essaie de transmettre à son lecteur, le second est beaucoup plus fortement charpenté et obéit au souci d'être complet. Le premier est assez proche de la formule de l'essai, le second obéit davantage aux canons de l'ouvrage savant. En outre, toutes les formules offensantes envers les Catholiques, qui pouvaient plaire en terre protestante, sont soigneusement effacées pour ne pas faire obstacle à une diffusion universelle. Bref, dans le *De augmentis*, non seulement le texte gagne en étendue, mais il est aussi mieux maîtrisé.

The advancement of learning est une œuvre indépendante, conçue pour elle-même ; le *De augmentis* prend place dans le projet général de l'*instauratio magna*, peut-être en remplacement d'un texte que Bacon n'avait pas eu le temps ou n'avait plus la force d'écrire après 1620 ; et il fournit le préliminaire indispensable à toute l'entreprise. En toute rigueur, le livre Ier de *The advancement of learning* aurait pu être oublié en 1623, n'ayant qu'une utilité toute relative dans le cadre général de l'*instauratio magna*, alors que sa fonction est essentielle en 1605.

L'objet est de présenter «la somme ou la description universelle de la science, de la doctrine dont le genre humain a disposé jusqu'à ce jour», un examen appelé à justifier l'introduction d'une méthode entièrement nouvelle. À comparer les deux versions, on voit que la structure générale de *The advancement of learning* est conservée dans le *De augmentis*, quoique étant affinée, et que les formules mises au point dans la première version sont reproduites dans la seconde, lorsqu'elles ont donné satisfaction. L'essentiel du vocabulaire paraît fixé. Mais, sur beaucoup de points, *The advancement of learning* reste embryonnaire (ainsi, si l'argument général de la distribution des sciences physiques est en place, le détail n'en est manifestement pas pensé). L'amélioration est souvent patente (par exemple, la tripartition des facultés reçoit une plus grande étendue dans la *Descriptio globi intellectualis* et est beaucoup mieux ordonnée dans le *De augmentis* II, 1). Des modifications sont apportées aux divisions des sciences (par exemple, dans le *De augmentis*, l'histoire civile comprend en outre l'histoire ecclésiastique et l'histoire littéraire; la poésie dramatique remplace la poésie représentative; les mathématiques, d'abord traitées comme une branche de la métaphysique, deviennent un appendice à cette science et à la physique; les divisions de la médecine ne sont pas les mêmes, etc.). Il arrive que le *De augmentis* ajoute des développements entiers (en II, 3, la distinction entre l'histoire inductive et l'histoire narrative; en II, 5, les considérations sur la dignité et la difficulté de l'histoire civile; en II, 8, l'analyse des avantages et des désavantages de l'histoire du monde, etc.). Par ailleurs, le *De augmentis* apportent des compléments explicatifs, des exemples nouveaux et surtout des débuts de résultats propres à illustrer ce qui fait défaut dans certaines branches du savoir : les trois fables de Pan, Persée et Dionysos, le traité sur la justice universelle, pour parler des plus notables. Enfin, certains développements sont substantiellement transformés (sur le secret du pouvoir, en VIII, 3 ; sur la théologie sacrée en IX).

Le premier livre

Bacon s'adresse au roi d'Angleterre. Cette adresse est conservée dans la version latine et brièvement répétée sur un mode plus rhétorique en tête de chaque livre. Geste de courtisan, sans doute, obéissant à des formes convenues; mais claire conscience aussi que seul le pouvoir d'État a la capacité de rendre effective la réforme du savoir, une réforme qui doit s'inscrire dans des institutions et des dispositions publiques. Il n'y a pas un préalable qui serait le domaine réservé du philosophe : la réforme du savoir est une réforme d'État dans sa conception même.

Mais le roi n'est pas seul, il y a tous ceux qui l'entourent et qui ne sont pas sans influence. Cette élite intellectuelle et politique ne forme pas une classe homogène et les différents essais d'écriture qui suivent la publication de *The advancement of learning* montrent les hésitations de Bacon. Mais, en 1623, Bacon est politiquement déchu et il ne peut plus entretenir à l'intérieur de l'Angleterre les mêmes ambitions intellectuelles. En un sens, l'emploi du latin lui facilite la tâche : il n'a plus besoin d'anticiper les réactions d'un groupe défini.

La division générale est claire et elle est rappelée dans le titre latin : la première partie (livre I) s'attache à prouver contre les critiques l'excellence de la connaissance, d'où résulte le devoir de l'augmenter, un devoir qui s'impose tant au rois qui en retireront gloire qu'à leurs sujets dont elle fera le mérite personnel; la deuxième partie (développée en huit livres dans le *De augmentis*) précise dans le détail où doit se faire cette augmentation.

Le premier livre a la forme d'un plaidoyer. La cause défendue est celle de la connaissance. Les divers points de l'accusation sont repris et réfutés par la défense, en un discours fortement charpenté, aidé de formules frappées et nourri de culture classique (références bibliques, référence aux grands noms de l'Antiquité gréco-latine et aux grands hommes de l'histoire d'Angleterre). L'avocat ne cherche pas l'originalité, il utilise des exemples, des faits historiques, des arguments, qui sont des lieux communs largement partagés. Le texte additionne les arguments : comme dans toute cause, il faut réussir à laisser sans voix l'adversaire. L'expression est aisée et éloquente : chaque point est traité pour lui-même, mais dans une forme variée (réfutation en règle, appel au texte sacré, esquisse d'un tableau historique, présentation d'un argument ; et l'on n'est pas très loin de l'usage d'un Montaigne, quand le discours joint à l'esprit d'érudition des considérations politiques et morales tournées dans une forme qui s'apparente à celle de l'essai).

On commence par répondre point par point aux objections de l'adversaire (les gens d'Église et les hommes politiques) ainsi qu'aux préventions plus diffuses de l'opinion publique, ce qui permet, à la faveur des réponses apportées, de restaurer peu à peu la dignité du savoir (*learning*), de justifier son rôle dans la société et de rétablir l'honneur des gens de lettres qui en sont les ouvriers. Mais comme l'on ne saurait tout mettre au compte de l'ignorance et de la mauvaise foi de l'adversaire, lequel trouve dans les travaux des gens de lettres eux-mêmes assez de marques de « leurs erreurs et de leurs vanités », il faut aussi avouer certains manquements tout en les appréciant à l'aune de la cause : ces formes coupables du savoir sont autant de signes de la nécessité de promouvoir enfin un savoir vrai et fécond.

L'avantage étant ainsi pris, il reste, après la défense, à illustrer la grandeur du savoir en multipliant les témoins, tirés d'abord du texte biblique puis de l'histoire humaine, dominée ici par les deux grandes figures d'Alexandre et de Jules César, auquel est joint Xénophon, modèles exemplaires de la rencontre de la vertu militaire et de la connaissance ; de manière à conclure sur les effets bénéfiques de celle-ci sur la vertu civile et privée : elle libère les esprits de la sauvagerie, et de la férocité, elle corrige les mœurs des hommes, elle contribue à former une élite propre aux fonctions de commandement, elle est bénéfique à la fortune des États, elle fait avancer chacun dans le monde, elle est une source renouvelée de plaisir et, ce mérite n'est pas le moindre, elle procure l'immortalité.

Les objections qu'on oppose à la connaissance ont leur ressort dans les passions et les intérêts de ceux qui les entretiennent. Les hommes d'Église ou de religion sont jaloux de leur influence sur les esprits ; les hommes d'État s'inquiètent de ce qui pourrait ruiner leur pouvoir ; les doctes eux-mêmes, cédant à leur disposition personnelle, donnent au savoir des formes indues.

Ainsi, il est des gens de religion, les puritains pour ne pas les nommer, qui prétendent, citations bibliques à l'appui, que l'aspiration à la connaissance, et à une connaissance s'augmentant sans fin, fut la faute qui perdit Adam, une faute que le texte sacré condamne expressément. On leur répond par d'autres citations et par une plus juste interprétation des textes, où la connaissance est distinguée du péché de connaissance. La volonté de connaître serait coupable si elle nous faisait oublier notre condition mortelle ; elle serait dangereuse si elle créait dans l'esprit le dégoût et l'erreur ; elle serait pécheresse, si en progressant elle voulait percer le secret de la volonté créatrice de Dieu : mais il n'y a nul orgueil à vouloir pénétrer «les ordonnances et les décrets qui à travers tous les changements sont infailliblement observés». La sagesse divine nous est ouverte dans ses effets. Dieu opère dans la nature par les causes secondes. Et si d'aventure l'esprit se porte plus loin vers les liaisons des causes elles-mêmes, alors il est porté à admirer l'œuvre de Dieu. «Si une connaissance superficielle de la philosophie peu faire pencher l'esprit de l'homme vers l'athéisme, une connaissance plus approfondie le ramène à la religion» (AL, 8; DA, 19; E, XVI). Que les hommes, donc, s'efforcent de progresser et dans l'étude de la parole de Dieu et dans celle du livre des œuvres de Dieu, en théologie et en philosophie (CV, VII).

Contre les politiques qui objectent que la connaissance amollit les esprits des hommes et les détourne des armes, ou qu'elle pervertirait leurs dispositions en matière de gouvernement et, en particulier, les pousserait à préférer une vie retirée à la participation aux affaires de l'État, ou encore les rendrait moins dociles, Bacon rappelle, avec des exemples historiques empruntés à l'Antiquité, qu'on peut être grand capitaine et versé dans les sciences, que la connaissance est au fondement de la pratique, laquelle ne saurait être abandonnée aux empiriques. Et seuls ceux qui sont instruits aiment le travail pour le travail, «comme une action conforme à la nature, et qui convient à la santé de l'esprit autant que l'exercice physique convient à la santé du corps» (AL, 13; DA, 22 b). Quant à l'idée que le savoir saperait le respect des lois et du gouvernement, Bacon s'en tire par une métaphore : un aveugle ne marche pas d'une manière plus assurée avec un guide, qu'un homme doué de la vue, muni d'une lampe (AL, 19; DA, 23 b).

Une troisième sorte de discrédit tient à la condition et à la personne des savants. Leur condition est modeste, mais *paupertas est virtutis fortuna*; elle est obscure, mais une vie retirée et

active a plus de grandeur que la paresse qu'on observe chez les
Grands; elle est confinée dans des emplois modestes (on fait
d'eux des gouverneurs de la jeunesse), mais l'éducation est une
grande et noble tâche. Les savants ont aussi une manière d'être
personnelle que Bacon détaille non sans humour, retournant
leurs défauts en qualités sinon en vertus, et brossant d'eux un
portrait flatteur que n'entache pas la servilité des philosophes de
cuisine, véritables parasites de la demeure des riches.

Mais une part importante du discrédit des savants dans
l'opinion populaire tient aux «erreurs et aux vanités» qui se
sont glissées dans leurs travaux et dont ils sont directement
coupables. Il n'y a pas de savoir sans une pratique du savoir;
et certaines pratiques sont à condamner. Mais s'il faut les
dénoncer et les condamner, c'est parce qu'elles faillissent à la
mission de connaissance et de vérité. Rétablir la dignité du savoir
suppose donc qu'on soumette à la critique le comportement des
savants.

«Il y a, si je puis dire, trois dérèglements d'humeur dans le
savoir: la savoir fantasque, le savoir chicanier et le savoir
précieux» (AL, 21; DA, 28 b). Préciosité, cela concerne la
forme et le style: le goût pour l'éloquence et le penchant pour la
prolixité qui ont refleuri avec la renaissance des Lettres, et qui
sont entretenus par l'admiration des auteurs anciens, la haine
des scolastiques, l'étude des langues et l'efficacité de la prédi-
cation; bref, la recherche des mots plus que de la matière. La
chicane, c'est le fait des hommes de l'École qui se sont livrés
à des finesses excessives tant dans l'approche de leurs sujets
d'étude que dans leurs méthodes, et qui ont donné à la recherche
de la vérité le tour de la controverse et de la dispute. Quant à la
tromperie et à la fausseté, elles trouvent leur source dans l'impos-
ture et la crédulité qui s'insinuent soit dans l'établissement des
faits (la question du témoignage) soit dans l'autorité conférée

aux auteurs et à des arts qui doivent plus à l'imagination qu'à la raison (l'astrologie, la magie naturelle, l'alchimie).

À ces maladies du savoir, se joignent les « humeurs peccantes » qui sont plus des troubles que des maladies déclarées : Bacon n'en compte pas moins de onze.

Pour comprendre l'objet et le ton du préambule du livre II de *The advancement of learning* (repris fidèlement dans la version latine), il faut admettre que Bacon, l'homme public, prenne le temps de considérer les outils et les institutions du savoir, avant que Bacon, le philosophe, ne procède à l'examen détaillé des acquis et des manques des sciences et des arts. Si le savoir pouvait sortir tout armé de la tête d'un philosophe, il n'y aurait à se soucier que de sa diffusion ; mais, quand on en est encore au temps de la recherche et de l'invention, il faut pouvoir imprimer une directive et mobiliser les forces et les travaux de tous, ce qui ne se peut que si l'on accorde de justes rétributions ; toutes choses qui relèvent du pouvoir politique, lequel, en prenant de prudentes dispositions, peut fixer le but à poursuivre : non point seulement la gloire et la magnificence d'un règne, mais le progrès réel des sciences et des arts jusque dans les siècles à venir. Trois objets principaux sont à envisager : les lieux du savoir (fondations et bâtiments ; dotations des revenus ; dotations d'exemptions et de privilèges ; organisation et direction de l'institution), les livres (les bibliothèques, des éditions faites selon les règles de l'art), les personnes elles-mêmes (la rétribution et la nomination des professeurs, des écrivains, des chercheurs). Dès 1594, lors de la fête de Noël à Gray's Inn, sous le masque plaisant d'une mise en scène, Bacon réclamait du pouvoir royal quatre choses : une bibliothèque recueillant tous les écrits des temps passés comme des temps modernes ; un jardin où seraient toutes les plantes de tous les climats, ainsi que tous les animaux, aquatiques, terrestres, aériens ; un immense cabinet qui recevrait tous les produits de l'art humain; enfin, un laboratoire fourni en moulins, instruments, fourneaux, etc. (Sp. VIII, 335).

De même qu'il détaillera ensuite ce qui est à suppléer dans les sciences et les arts, Bacon relève les défauts à corriger dans l'institution, à savoir (dit en termes modernes): l'excessive spécialisation des collèges d'Europe qui, consacrés aux professions, pensent que la philosophie et les études générales sont des choses oiseuses; les salaires mesquins des maîtres qu'il faudrait rétribuer à proportion de la médiocrité ou de l'excellence des progrès accomplis; l'absence de dotation des laboratoires (qui sont indispensables autant que les livres); le manque d'évaluation tant par la communauté scientifique que par le pouvoir d'État; l'archaïsme des usages et des institutions des universités (par exemple des programmes d'étude) dont il faut réexaminer le bien-fondé; l'absence d'une collaboration suivie entre les universités de l'Europe; le besoin d'appointer des écrivains et des chercheurs pour les parties de la connaissance qui n'ont pas été encore suffisamment développées.

Pour la présentation de la division des sciences, voir *supra*, p. 36 *sq.*

LES ÉCRITS PRÉPARATOIRES AU *NOVUM ORGANUM*

Le peu de succès de *The advancement of learning* auprès du roi et du public, pour ne pas parler des réticences marquées par ceux qui étaient intéressés au premier chef, conduisit Bacon à reprendre les choses dans un projet plus vaste et, par là, un projet qui ne pouvait être réalisé que sur le long terme. Les fragments *Partis instaurationis secundæ delineatio et argumentum*, *Scala intellectus sive filum labyrinthi* et *Prodromi sive anticipationes philosphiæ secundæ*, écrits entre 1607 et 1611, sont les premiers à annoncer un plan composé de six livres qui deviendra un plan en six parties dans la *Distributio operis* qui précède le *Novum organum* paru en octobre 1620 et qui constitue la seconde partie de l'*instauratio magna*. Mais Bacon déclare en 1625 au Père Fulgentio (Sp., *Letters*, VII, 532) que trente ans ont séparé la parution de cet ouvrage du moment de la formation même du projet. Selon Rawley, son secrétaire biographe, il aurait procédé à pas moins de douze rédactions successives. Pourquoi un tel délai ?

Plusieurs textes préparatoires ont été conservés annonçant le contenu du *Novum organum*. Certains de ces textes circulèrent sous forme manuscrite, selon un usage fréquent à l'époque. Trois d'entre eux appartiennent à la période où Bacon disposa le plus de loisir : 1603-1608 (ils ne furent publiés qu'en 1653 par Isaac Gruter) : le *Temporis partus masculus*, la *Redargutio philosophiarum* et les *Cogita et visa*. Ce dernier opuscule concorde avec le texte anglais du *Filum labyrinthi sive formula inquisitionis* (I-VIII correspondant à 1-8 et XI-XII à 9-10). Ces trois textes, et en particulier le troisième, annoncent ce qui prendra une forme définitive dans le premier livre du *Novum organum*. Plus difficile à dater est le fragment le plus riche, *Valerius Terminus* : entre 1603 et 1609, peut-être après *The advancement of learning*, puisqu'il emploie le mot *idole* et en compte quatre sortes, alors que *The advancement of learning* n'emploie pas le mot et ne compte que trois sortes. Quoi qu'il en soit, on voit clairement que Bacon disposait de la « clé de l'interprétation », quand il rédigea ce texte, puisqu'on y trouve la règle de certitude et de liberté appliquée au cas de la blancheur. Non seulement Bacon eut tôt le dessein de son ouvrage, mais on peut dire qu'avant 1610 il en connaissait l'économie générale et qu'il maîtrisait parfaitement le ressort de la méthode.

Outre une nécessaire prudence, puisque Bacon mène entre-temps sa carrière politique, la difficulté rencontrée est la suivante : la voie nouvelle de la connaissance sera ouverte par la méthode nouvelle, finalement exposée dans le *Novum organum*, mais, en l'absence d'une volonté politique susceptible de rendre actuel le programme d'invention et de recherche qui avait été proposé par *The advancement of learning*, il faut d'abord réussir à persuader les esprits qu'ils ne sauraient se reposer sur le savoir du temps. Or le cercle est évident : « Sur des tablettes on ne peut rien écrire de nouveau sans avoir effacé les inscriptions anté-rieures ; mais dans l'esprit on a du mal à effacer les inscriptions antérieures sans y avoir rien écrit de nouveau » (RPh, 558, 81), inscriptions héritées des philosophies antiques et profondément imprimées par leurs sectateurs médiévaux et modernes. Quel rapport entretenir avec l'histoire de la philosophie, sachant que la *redargutio philosophiarum* ne saurait prendre la forme classique de la *confutatio philosophiarum* ?

Le *Temporis partus masculus* fait le choix de l'apostrophe, de l'invective. Ce texte qui annonce trois livres (on ne dispose que des deux premiers chapitres du premier livre) est une charge violente contre les philosophes. Il se présente comme un discours *ad filium*, adresse qui évoque la démarche initiatrice (ou *methodus ad filios*) que *The advancement of learning*, repris par le *De augmentis* (663, 153 b) distinguait de la démarche magistrale au sein de la méthode traditive, et qui est réservée « aux enfants de la science », c'est-à-dire à une élite capable de comprendre et d'augmenter par elle-même ce qui lui est ainsi transmis.

« Il nous faut adopter un nouveau procédé (*ratio*) pour pouvoir nous insinuer dans des esprits qui sont totalement fermés » (529, 55). Et pourtant il faut rompre. Le *Temporis partus masculus*

joue ce moment même de la rupture, plutôt que celui de l'insinuation, mais en constituant l'élite de ceux qui entendront le
message et le répandront. La diatribe s'applique plus aux
auteurs qu'à leurs œuvres, à tous les maîtres de la tradition,
anciens et modernes, attaqués nominativement les uns après
les autres, comme devant un tribunal. « Aristote, exécrable
sophiste… ». Philosophes, historiens, médecins, chimistes,
rares sont ceux qui trouvent grâce. La charge, plus douce à
l'égard de ceux qui se sont adonnés à l'expérience mais qui l'ont
corrompue, ne s'embarrasse pas d'arguments, mais dessine des
comportements philosophiques dont les éléments constituants
se retrouveront par la suite dans la *pars destruens* du NO. Elle
laisse ensuite au fils le soin de constater rétrospectivement que
« sous le voile de l'invective… les principes de mes critiques
méritent l'admiration » (537, 71).

Il n'est pas évident que la diatribe ou la satire ait un effet,
quand les préjugés sont inscrits dans le bronze plutôt que dans la
cire. Consciente de cela, la *Redargutio philosophiarum* recourt
à un procédé d'esprit platonicien où l'auteur, affecté par la
solitude à laquelle le condamne son projet, reçoit la visite d'un
ami qui revient de France et qui, ayant assisté à une assemblée
réunissant de nobles esprits, rapporte les propos d'un personnage faisant autorité auprès d'eux ; propos tenus sous forme
d'un discours en règle et non d'un dialogue, et retranscrits par
l'ami qui les met sous les yeux du narrateur. L'intention est
clairement pédagogique, comme peut l'être celle d'un maître
auprès de ses *filii*. Il ne leur demande pas d'abandonner tout
d'un coup leurs préjugés, mais de prendre conscience de l'état
du savoir. Ou, pour le dire dans les termes du narrateur : « nous
tenterons de forger et de mettre en œuvre un moyen propre à
s'accorder à notre dessein, soit en produisant des signes qui

permettent de porter un jugement sur les philosophies, soit en faisant remarquer au passage, dans ces philosophies mêmes, quelques erreurs monstrueuses, de purs jeux de l'esprit, en vue d'ébranler leur autorité » (558, 79).

Les *Cogitata et visa*, adoptant le discours à la troisième personne (*Franciscus Bacon sic cogitavit*), peut-être à la manière de Jules César dans *La guerre des Gaules*, pratiquent une éloquence nette et sobre et sont un sorte de propédeutique s'adressant au petit nombre de ceux qui peuvent ou veulent l'entendre. Chaque article est en soi une sorte de gros aphorisme ou de petit essai, assez varié dans sa tournure pour retenir l'attention du public. Dans le dernier article (XIX), Bacon annonce qu'il prépare sur l'interprétation de la nature et sur la nature même « un ouvrage qui puisse détruire les erreurs sans trop de rudesse », mais que, le temps passant, il proposera d'abord des tables d'invention ou formules de légitime recherche » à titre de représentation de l'œuvre à venir (619, 213).

Les *Cogitata et visa* sont un diagnostic sur l'état de la connaissance : pauvre en œuvres et en inventions, ainsi qu'on peut le voir chez les médecins, les alchimistes, les mages et les mécaniciens (auxquels NO I, 5 ajoutera les mathématiciens) (I et II). Mais dénoncer le fait est inopérant si n'est pas dénoncé en même temps ce qui à la fois le recouvre et le perpétue : le préjugé de l'opulence et de la fécondité pratique du savoir en usage (III). De cet état, il faut rechercher les causes, et la première est la forme qu'a prise le savoir : ses carences sont masquées par le tour systématique qui lui a été donné ; une forme imposée aux hommes par ceux qui s'en sont institués les maîtres (IV). Car l'autorité décourage l'esprit de l'invention ou pousse les hommes à rechercher la connaissance pour des fins qui lui sont étrangères, le pouvoir, la réputation, etc. (V). L'article VI affine le diagnostic et fait anticiper ce sur quoi portera au premier chef la restauration : la place et la fonction de la philosophie naturelle, laquelle est à présent ignorée ou maltraitée, ayant trouvé dans la superstition et le zèle aveugle des religions un adversaire farouche (VII, repris dans NO, I, 89). L'article VIII complète l'analyse des causes en marquant le rôle négatif des institutions du savoir et l'oppression exercée par les professeurs.

Distinguer les causes, c'est pouvoir agir sur leurs effets et donc écarter les obstacles qu'elles mettent au progrès de la connaissance. Mais l'objet de Bacon est ici général et il s'adresse à une communauté plus ouverte que celle visée dans *The advancement of learning* : il faut d'abord ôter les préjugés. Les articles qui suivent ébauchent, sans prononcer ici le mot et de manière lâche, la doctrine des idoles divisées en deux grandes catégories : celles qui sont innées et tiennent à la constitution interne de notre esprit, et qui conduisent à certains types comportementaux caractéristiques : le respect des Anciens, l'apriorisme, le scepticisme, etc. (IX), ainsi que le langage, classé ici dans les causes internes d'erreur (X) ; et celles qui sont extérieures et adventices. L'article XI restreint la doctrine à la philosophie naturelle : victime des charlatans dans sa partie active et opérative (XI) ; souffrant du dédain des doctes envers les expériences, dédain qui est une tendance naturelle, renforcée par l'éducation (XII) ; obstruée par les divers systèmes de philosophie des Grecs et retardé par leur esprit sectaire qui s'est conservé chez les plus spéculatifs des Modernes (XIII). Ce dernier article, en même temps qu'il dénonce le poids de l'histoire de la philosophie ou de la tradition de l'alchimie et de la magie, pose le thème qu'il ne faut rien attendre du savoir en usage pour le renouveau de la connaissance ni, au demeurant, des formes de démonstration qui sont les siennes (XIV) ; et l'on y chercherait en vain des règles ou des préceptes pour l'invention (XV).

On peut espérer que pareille critique, par son ampleur et sa force, réussisse à ébranler le préjugé où sont retenus les hommes. Mais sa réussite même pourrait produire un effet opposé à celui qui est recherché : le découragement et le scepticisme. Les derniers articles s'emploient à combattre une telle conséquence. D'abord, en donnant toute sa valeur à la fin poursuivie et au projet qui l'accompagne (XVI); ensuite, en considérant les circonstances, aujourd'hui favorables, et en multipliant les signes de la possibilité de parvenir à pareille fin (XVII); l'ardeur à connaître une fois allumée et l'espérance créée, en examinant les moyens d'aboutir : et Bacon d'esquisser la méthode en progrès de l'interprétation de la nature (XVIII); enfin, en rappelant que ce qui est recherché n'est pas de créer une nouvelle secte ou d'établir un nouveau système, mais d'amorcer une œuvre collective, ce qui suppose, et Bacon justifie son discours en le concluant, que les moyens de faire connaître l'entreprise et de l'exposer aient été heureusement choisis.

LA SAGESSE DES ANCIENS (1609)

Il semble que Bacon ait eu l'intention de publier les *Cogitata et visa*. Il se borna à en faire circuler des copies et les remarques de ses lecteurs le conduisirent peut-être à ne pas exécuter son projet. En revanche, il fait paraître en 1609 *La sagesse des Anciens*, un ouvrage composé entre 1605 et 1608 et qui connut un grand succès et fut largement diffusé par toute l'Europe. L'ouvrage reprend un genre souvent pratiqué à l'époque, l'interprétation des fables héritées de la mythologie antique. On trouve aussi dans un recueil de fragments auquel a été donné le titre : *Cogitationes de scientia humana*, quatre des fables (La sœur des Géants ou la Rumeur, Le Ciel ou les origines, Protée ou la Matière, Métis ou le Conseil). Une autre fable, celles de Cupidon est reprise et développée d'une manière beaucoup plus raisonnée dans le projet d'une œuvre postérieure à 1610, le *De principiis atque originibus secundum fabulas Cupidinis et Cœli*, qui constitue un long exposé de la philosophie naturelle de Bacon, puisque les deux fables de Cupidon (la seule traitée) et du Ciel sont censées contenir « la doctrine des principes des choses et des origines du monde ». Le *De augmentis* (II, 13) insère, à titre d'échantillon de la poésie parabolique, les trois fables de Pan ou la Nature, de Persée ou la Guerre et de Dionysos ou le Désir. Peu de temps avant sa mort, Bacon révise le texte de *La sagesse des Anciens*, qui paraîtra de nouveau en 1638, dans les *Opera Moralia et civilia*, édités par les soins de Rawley.

Que la lecture allégorique des mythes grecs fût à l'époque un genre à la mode, héritier de la tradition emblématique, que Bacon ait emprunté à la *Mythologie* de Natale Conti une partie de la matière (éléments de récit, d'interprétation) et la forme de l'ouvrage (séparation des fables relatives à la philosophie naturelle et à la philosophie morale et politique) et l'organisation de chaque article (d'abord la narration, puis l'explication), ne doit pas faire oublier l'intention philosophique à laquelle l'ouvrage répond.

D'abord, l'interprétation des fables apparaît comme un autre moyen d'introduire le projet philosophique dont le futur Chancelier s'attache à présenter le bien-fondé auprès de ses contemporains. À ce titre, l'ouvrage complète l'entreprise des opuscules ci-dessus et introduit une nouvelle forme discursive, celle de l'interprétation allégorique. L'intention est proprement pédagogique et le procédé stylistique, d'une économie exemplaire, est entièrement mis au service de la connaissance, comme le rappelle clairement le texte du *De augmentis*. Les mythes ressortissent à la poésie parabolique, le genre le plus noble, qui est d'un usage ambigu puisqu'elle sert tantôt à voiler, tantôt à éclairer. Lorsqu'elle se borne à éclairer, elle n'est qu'une méthode d'enseignement déjà mise en œuvre par les Anciens pour atténuer la nouveauté des inventions et des conclusions de la raison humaine, l'imagination prêtant ses figures et ses fictions pour représenter des vérités abstraites. Mais les Anciens eurent aussi l'intention de voiler les secrets et les mystères de la religion, de la politique et de la philosophie. Que les mystères de la religion doivent être exprimés sous un voile, la Bible l'atteste au premier chef. Que le secret du pouvoir royal doive être préservé par l'emploi des figures, c'est une nécessité proprement politique. Qu'il ait fallu masquer la profondeur des enseignements de la philosophie, c'est une prudence à laquelle les Anciens durent se soumettre.

Bacon aime à évoquer une sagesse des Grecs plus ancienne que Platon, Aristote et tous ces philosophes bavards qui se sont répandus en systèmes et en disputes et ont méconnu ou déformé le message de leurs prédécesseurs (NO, I, 7); une sagesse dont nous n'avons plus de trace que sous le voile des fables; et il ne servirait à rien de tenter de remonter jusqu'à elle par le moyen de l'histoire de la philosophie puisque après Démocrite elle était déjà perdue. Il faut, pour y accéder de nouveau et en retrouver la vérité, une lecture entièrement nouvelle menée à la lumière de la philosophie nouvelle qui est annoncée. Remarquable va et vient grâce auquel, par l'effet d'un unique dévoilement, le principe philosophique de l'interprétation de l'allégorie est ce qui se découvre dans l'allégorie; remarquable rétablissement de l'histoire de la vérité dans la continuité désormais assurée de la fable antique et de la philosophie nouvelle. Non point que la philosophie nouvelle ait besoin pour s'établir de renouer ainsi avec les temps anciens et que la raison ait besoin du secours de l'imagination pour faire valoir la science et l'œuvre nouvelles:

les fables ont été le jeu des poètes, tous ignorants de la philosophie; et la vérité se tire des choses et non des mots, desquels on ne tire qu'un sens interprété. Mais d'une part, on ne saurait déclarer qu'aux origines de la pensée ait régné une totale ignorance (VT, 225, 34), d'autre part, il entre dans cette attention portée aux sources mythologiques une part de stratégie : isoler l'Antiquité classique et l'écarter de l'histoire de la vérité pour autant qu'elle puisse être retracée et qu'elle mérite d'être racontée à la lumière des choses mêmes.

Les fables sont présentées successivement et de manière, semble-t-il, arbitraire, sans être regroupées dans les trois domaines qu'elles illustrent : la philosophie naturelle, la philosophie morale et la politique. Mais l'imagination n'a pas à se soumettre aux divisions et aux séparations de la raison et elle a, malgré sa fantaisie, un pouvoir de coalescence qui est propre à rappeler l'essentielle unité du savoir.

La fable de Pan est avec celle de Prométhée la plus longue du recueil. L'origine est d'abord discutée, puis le personnage représenté : ses traits, ses fonctions et ses pouvoirs, ses rares faits et gestes, ses rares amours. La présentation est fort circonstanciée, et, au fil de l'interprétation, Bacon en reprend un à un tous les éléments. Pan, comme son nom l'indique, représente le tout de la nature, et l'alternative sur son origine revient à ceci : ou la nature est née d'un principe unique, le Verbe divin (figuré par Mercure), ou elle est issue des semences confondues de toutes les choses (figurées par les prétendants de Pénélope). Quant au troisième récit qui en fait le fils de Jupiter et de Hybris, il convient à l'état du monde pris après la chute d'Adam. De sorte que l'on peut reprendre ces trois récits dans l'unique récit de la Genèse : la nature d'abord à son origine, dans l'acte créateur de Dieu, puis rapportée aux causes secondes, et enfin considérée après la Chute. Les cornes de Pan, larges à la base, et pointues comme une pyramide, sont la figure de l'ordre ascendant allant des existences jusqu'aux principes les plus universels, et donc de la physique à la théologie. Son combat avec Cupidon, lui-même figure des liens de la nature, représente cette tension intérieure à l'univers entre la tendance au chaos et la recherche de l'ordre. Il est évidemment heureux que le dieu de l'amour l'emporte à la fin. Pan est le seul à découvrir Cérès qui, prise de désespoir, s'était cachée : c'est la preuve que l'on ne doit attendre les choses utiles à la vie que d'une expérience sagace et d'une connaissance universelle. Si Pan n'eut pas d'aventures amoureuses, sinon dans son mariage avec Echo, c'est que le monde se suffisant à lui-même jouit de lui-même, en ce miroir ou cet écho qu'est la philosophie. En quelque sorte, Bacon désarticule le mythe et jouant de ses variantes le traite en autant d'éléments recevant chacun et séparément une interprétation : on chercherait en vain un principe général de sens doublant philosophiquement le récit; l'on a une collection de figures ou d'emblèmes réunis autour d'un objet, ici la nature.

LE *NOVUM ORGANUM* (1620)

Le *Novum organum* est divisé en deux livres. Le premier est l'aboutissement de ce qui a été essayé dans les opuscules antérieurs : amener le lecteur à l'idée de la nécessaire réforme du savoir. Mais, en même temps, l'ouvrage constituant la seconde partie de l'*Instauratio magna*, son objet est plus défini : comment conduire le lecteur de l'ancien organum au nouveau? Le premier livre mène la critique du savoir en usage et plus précisément de sa méthode; le second livre, beaucoup plus « technique », introduit à la méthode nouvelle de l'interprétation de la nature et constitue proprement la *pars informans*. La postérité n'a souvent retenu que le premier, réduisant ainsi l'ouvrage à l'idée, tantôt valorisée, tantôt dépréciée, de la réforme de l'entendement, comme si l'on pouvait retenir l'esprit général de la restauration du savoir, sans en étudier le ressort, l'induction. Une telle lecture partielle n'est pas sans conséquence, car, réduisant l'induction à l'esprit expérimental en général, elle est conduite à ignorer la physique et la métaphysique de Bacon, c'est-à-dire toute la philosophie naturelle qui en fait la substance.

Le livre I : la réforme de l'esprit

Le lecteur n'est pas une table rase : son esprit est pénétré de préjugés, d'anticipations, qui sont autant d'obstacles à son aptitude à entrer dans des vues nouvelles et à reconnaître la validité de la nouvelle méthode. Il faut donc commencer par rectifier l'entendement et le tourner dans la bonne direction, en lui donnant les moyens d'y progresser. Ce qui suppose qu'on le libère d'abord des prestiges et des illusions de l'ancienne logique qui, elle aussi, prétend lui apporter des secours.

Les premiers aphorismes (1-17) reprennent un argument déjà amorcé par les *Cogitata et visa* : le parallèle est établi entre le pouvoir et le savoir de l'homme ; la limite de l'un et de l'autre est fixée : c'est la nature elle-même dont l'homme ne saurait être que le ministre et l'interprète ; et enfin la conséquence est tirée : la médiocrité des œuvres qu'ont produit jusque-là les hommes dans leur échange avec la nature prouve le besoin d'une réelle connaissance des choses et donc la nécessité d'une réforme du savoir. Et il faut pour cela commencer par s'affranchir de la logique dominante, de son mode de démonstration, et de la manière dont elle abstrait les notions et établit les axiomes.

L'alternative est alors posée entre les deux voies opposées qu'on peut suivre dans la connaissance (aph. 18-37) : la première, celle des anticipations de la nature, voie qui a été suivie jusque-là et trouve son expression dans la logique dialectique, part des sens et des particuliers, saute aux axiomes les plus généraux et en dérive les axiomes moyens : c'est le procédé infécond du syllogisme dont on ne saurait tirer ni connaissance ni œuvre nouvelles ; la seconde est celle de l'interprétation de la nature : elle dégage progressivement et continûment les axiomes à partir des sens et des particuliers, et ne parvient que par là aux axiomes les plus généraux. Ces deux voies sont contraires : on ne saurait tirer la nouvelle logique de l'ancienne.

Comment un esprit pénétré de l'ancienne logique peut-il s'ouvrir aux raisons de la nouvelle et s'y introduire ? C'est le rôle de la *pars destruens*. Il faut d'abord dénoncer les idoles en les classant selon leurs sources (aph. 38-70) ; relever les signes du triste état de la connaissance actuelle (aph. 71-77) qui est le reflet de ces idoles et en établir les causes (aph. 78-91).

Les idoles sont de fausses représentations qui se fixent à la racine même de l'activité de connaissance. Leur emprise sur l'esprit fait qu'elles ne s'effacent pas aisément : le préjugé est plus difficile à combattre que l'erreur. Bacon énumère d'abord les quatre sortes d'idoles, de la race, de la caverne, de la place publique, du théâtre, puis en analyse successivement la source en plaçant en regard des exemples des fausses représentations qui leur correspondent. Les idoles de la race ont leur origine dans la nature même de l'esprit : son penchant à l'uniformité, la facilité avec laquelle il est frappé, son étroitesse, son agitation permanente, sa sensibilité aux passions, la grossièreté des sens, son goût de l'abstraction. Les idoles de la caverne ont aussi leur source dans la nature de l'esprit, mais elles sont liées à des traits individuels : c'est telle inclination qui prédomine, c'est un penchant excessif à la composition ou au contraire à la division, c'est la prédilection pour une époque, pour des objets grands ou au contraire petits, etc. Les idoles de la place publique se glissent dans l'entendement par le biais de l'attache des mots aux choses : les hommes pensent en vain commander aux mots, mais ils laissent les mots qui commandent aux choses. Or les mots s'imposent le plus souvent selon l'appréhension que se fait de la nature le commun des hommes : soit ce sont des noms de choses qui n'existent pas, soit ce sont des noms de choses qui existent, mais des noms mal déterminés. Mais ce sont sur les idoles du théâtre que Bacon s'attarde le plus longuement (l'analyse qui en est faite déborde le cadre strict de la présentation même des idoles) : elles ne sont point innées et résultent des affabulations des théories et des règles défectueuses des démonstrations. Elles sont organisées à partir de la distinction de trois genres de philosophies, distinction qui naît de la considération du rapport entre la base empirique (trop étroite) et la généralité qui est attribuée aux axiomes : le genre rationnel (dont le modèle est Aristote), le genre empirique, le genre superstitieux (dont le modèle est Platon).

Les idoles sont la source des erreurs et des préjugés qui apparaissent tels quand on les dénonce. Mais ce n'est pas assez faire ; il reste à juger de l'état général du savoir et pour cela à en analyser les signes objectifs. Car il y a une vérité des signes. Et ils peuvent dire autre chose que ce que l'on croit. Ainsi, on s'accorde sur la source grecque de la connaissance, signe éminent, pense-t-on, de la grandeur et de la dignité de la connaissance qu'on y puise en y revenant. « Or la sagesse des Grecs était une sagesse de professeurs et se répandait en disputes : genre on ne peut plus contraire à la recherche de la vérité » (aph. 71). De plus, les signes qui sont pris de la nature du temps (l'Antiquité) ne sont pas plus favorables que ceux tirés du lieu et du caractère national. Et le jugement porté ne sera pas meilleur si l'on considère, non plus la source, mais les résultats : notre savoir est pauvre en œuvres et même en vérités : aucun progrès véritable, c'est-à-dire fondé sur l'activité de la raison, ne s'y dessine. Sans compter la tentation récurrente du scepticisme et l'éclatement du savoir, faussement masqué par l'hégémonie de la philosophie d'Aristote, sous le couvert d'un consentement général.

L'intérêt de cette doctrine des signes est de brosser un tableau général de la connaissance, à la fois dans sa dimension historique et civile. Et en créant l'étonnement les signes inclinent à l'assentiment. Il reste à donner les causes qui, expliquant ce que donnent les signes, réduiront cet étonnement et emporteront la persuasion. La cause la plus générale est le petit nombre de siècles où la connaissance a pu effectivement se développer ; et lorsque les circonstances furent favorables, peu de place fut laissée à la philosophie naturelle qui est la mère de toutes les sciences et qui ne servit souvent que de passage vers d'autres objets qui lui étaient étrangers (la médecine, la mathématique et la pédagogie) – un facteur d'infécondité non seulement pour la philosophie naturelle mais aussi pour les sciences particulières qui auraient dû lui être rapportées. Un semblable détournement s'observe dans les acteurs du savoir, plus soucieux de leur gloire et de leur fortune personnelle que de la recherche de la vérité. Mais l'erreur ne porte pas seulement sur les fins du savoir, elle concerne aussi les modes de connaissance adoptés : la répétition chère à la scolastique, le type d'invention prôné par la dialectique, la pratique aveugle des empiriques. Et il faut aussi considérer les passions qui s'attachent à la spéculation : le mépris de l'expérience, le respect de l'Antiquité, l'admiration excessive des œuvres existantes, l'artifice de la mise en forme systématique, le charlatanisme des novateurs, la pusillanimité – toutes choses qui ont maintenu le savoir dans une condition fort modeste. Enfin, les causes institutionnelles : la science confisquée par la religion, au détriment de l'une et de l'autre ; la science enfermée dans les universités et dans les livres des auteurs, comme dans des prisons; la science suspectée de créer le trouble dans l'ordre politique et peu récompensée à sa juste valeur.

Cette analyse ne manque pas de pertinence et vaudrait aisément pour d'autres temps que celui de Bacon. Le risque est toutefois qu'elle conduise « au désespoir et à la présomption d'impossibilité » (aph. 92), renforçant ainsi cette tentation qui accompagne l'effort de connaissance : le scepticisme. Aussi le Chancelier passe-t-il aux raisons d'espérer. La première est la confiance posée en Dieu et la promesse prophétique d'un accroissement des sciences : « Multi pertransibunt et augebitur scientia » (Daniel, 12, 4) : beaucoup voyageront en tous sens et la science se multipliera. Mais c'est l'échec même du passé qui constitue la raison la plus pressante d'espérer, dès lors que conscience est prise que l'erreur porte non pas sur la capacité des hommes, mais sur la voie qu'ils ont choisie et qui a pour trait majeur le divorce entre la raison et l'expérience : personne n'a encore osé recommencer à neuf le travail de l'esprit à partir de son fondement : l'expérience. Et Bacon de décrire à nouveau cette méthode qui, partant d'une expérience riche et bien fondée, l'enregistrant dûment dans une « expérience lettrée » et dans des tables d'invention appropriées, s'élève d'abord à la connaissance des axiomes moyens puis progresse continûment jusqu'aux axiomes les plus généraux. Le plus grand espoir est ainsi à placer dans l'induction vraie ; un espoir que peut conforter l'attente légitime des œuvres qui en résulteront, sachant qu'elles ne seront plus produites par hasard et qu'elles seront d'autant plus grandes que les hommes y conjugueront tous leurs efforts.

L'aphorisme 115 récapitule très clairement toute cette *pars destruens* qui s'achève ici et amorce la *pars præparans* qui court jusqu'à la fin du premier livre (aph. 115-128). En supposant que les lecteurs, ayant perdu leurs préventions, soient maintenant assez persuadés de se détourner du savoir en usage et de mettre leur espoir dans l'art nouveau de l'interprétation de la nature, il faut encore écarter quelques objections qui naîtraient de la représentation qu'ils peuvent s'en faire. Et d'abord, qu'on n'attende pas une philosophie toute prête : ni un système en forme, ni des œuvres en grand nombre – même si on peut les espérer, ni une histoire entièrement dépourvue d'erreurs et composée uniquement d'expériences supérieures : il faut avoir la patience des commencements. Ensuite qu'on ne s'indigne pas du rejet des Anciens «car l'invention des choses doit se prendre de la lumière de la nature, et non se reprendre des ténèbres de l'Antiquité» (aph. 123) et qu'on ne croie pas qu'en s'en éloignant on se détourne de la spéculation, car «nous bâtissons dans l'entendement humain le modèle vrai du monde, tel qu'il se découvre [à partir de l'expérience] et non tel que sa raison propre l'aura dicté à chacun» (aph. 124). Et qu'on soit enfin assuré que ce qui est recherché, c'est le progrès des sciences dans leur ensemble et que d'aucune façon ni en quoi que ce soit l'esprit n'est incité à renoncer à connaître.

Les aphorismes 129 et 130 concluent le livre de façon quelque peu ambiguë : il y a une réelle grandeur à inventer et à connaître ; et l'art de l'interprétation de la nature est le moyen d'une pareille grandeur. Et pourtant «nous ne lui attribuons pas une nécessité absolue […] ni même une perfection entière» (aph. 130). Le *novum organum* est un moyen, il n'est pas une fin. Modestie ?

Le livre II : certitude et liberté

Les neufs premiers aphorismes répondent à cette difficulté d'introduire la méthode. Avant même d'en énoncer les préceptes, on commence par dire ce que doit être un bon précepte ; et, comme un précepte doit être un instrument doté d'une réelle utilité, il faut préciser les fins à poursuivre. Logiquement, l'invention de la cause précède la génération de l'effet et la poursuite des fins spéculatives la réalisation des fins pratiques. Mais le premier aphorisme, répétant le tour imprimé aux premiers aphorismes du premier livre, renverse l'ordre et déclare d'abord les fins de la puissance humaine, puis celles de la connaissance. À cette première distinction en est jointe une seconde, celle entre les fins premières et les fins secondaires, où l'on reconnaît la distinction entre la magie et la mécanique, et entre la métaphysique et la physique. D'où résulte une quadri-partition : 1) l'apposition pratique d'une nature sur une matière (la magie); 2) l'invention des formes (la métaphysique); 3) la transformation des corps concrets les uns dans les autres (la mécanique); 4) l'invention des schématismes et des progrès latents (la physique). Et c'est en prenant appui sur les règles opératives que l'on pensera les règles spéculatives. Bacon s'explique lui-même sur cette inversion au début de l'apho-risme 4 : l'invention métaphysique des formes est ce qu'il y a dc plus difficile, mais aussi ce qu'il y a de plus nécessaire à la production des œuvres. Toutefois, on ne commence jamais par le plus difficile et les besoins de la vie humaine ont déjà multiplié de fait les principes pratiques. Ce qui fait un bon précepte est plus immédiatement apparent dans les règles de la partie active; il faut donc « laisser la partie active tracer les contours de la partie spéculative ».

Les aphorismes 2 et 3 rappellent la distinction entre la cause formelle et la cause efficiente et matérielle qui supporte la distinction entre la métaphysique et la physique et qui permet de comprendre la différence entre la magie et la mécanique quant à la nature de l'opération, la cause efficiente étant toujours rapportée à une matière, plus ou moins limitée et limi-tative. En même temps, on peut saisir de là l'échelle dynamique de l'induction dans sa double dimension, ascendante et descendante.

L'aphorisme 4 constitue le cœur de l'argument. On a dit que Bacon avait emprunté ses règles, au plus loin, à Aristote, au plus proche, à Ramus. Mais l'avantage de la démarche suivie est évident : on ne les énonce pas *a priori*, du haut de la logique ou de la dialectique, on les lit sur la pratique elle-même. L'aphorisme 4 examine les conditions méthodiques de toute opération qui voudrait apposer une nature sur une matière (par exemple, la couleur jaune de l'or sur l'argent) et de là conclut la nature du précepte qui vaut pour l'invention de la forme vraie. On demande à un précepte pratique de permettre à celui qui l'applique d'atteindre un résultat qui ne soit pas décevant ; on lui demande aussi, même quand il a donné les preuves de son efficacité, de ne pas lier la puissance de l'opérateur à tel moyen ou à tel mode particulier d'opération, qui la restreindrait ou l'embarrasserait. Il faut donc que, comme tout instrument, la règle s'avère d'une efficience assez sûre, mais qu'on puisse en disposer assez librement de sorte qu'elle reste d'un degré inférieur de difficulté à l'opération qu'il faut accomplir.

Ce propos qui peut paraître de bon sens concentre en lui toute la difficulté de l'invention. Comment inventer le moyen qui permet de parvenir à la fin poursuivie, sachant que pouvoir l'en déduire en toute assurance n'exclut pas que d'autres moyens puissent y conduire à moindre coût et avec une plus grande espérance de succès ? Il faut donc que le précepte pratique suggère le moyen de l'action et anticipe le résultat sans cependant borner ou embarrasser l'action. La fin ne doit pas être atteinte au hasard, mais la fécondité de l'opération ne doit pas être diminuée pour autant par l'étroitesse éventuelle de la prescription.

Cette conception souple de la règle vaut aussi pour la spéculation. La méthode doit permettre d'inventer des causes qui soient certaines quant à l'explication des faits (ou à la production des effets), mais qui conserve à l'esprit sa liberté envers le caractère de nécessité. De la résultent les deux règles de la certitude et de la liberté qui constituent le ressort de l'invention des formes et leur application à la pratique, et qui déterminent le rapport de la physique à la métaphysique. Elles peuvent être dès lors exprimées. 1) La forme d'une nature doit être telle que si elle est posée, la nature donnée suit infailliblement et elle est toujours présente quand cette dernière est présente (règle de la présence). 2) Cette même forme doit aussi être telle que, si elle est ôtée, la nature donnée disparaît également et absente elle en nie la présence (règle de l'absence). C'est à cette condition que la forme peut être dite vraie. À ces deux règles, s'en ajoute une troisième qui fixe le rapport d'ascendance : il faut que la cause explicative tire l'effet (la nature donnée) d'une nature plus générale, vers laquelle on se portera s'il faut poursuivre le travail de l'invention. S'il s'avère que la deuxième règle n'est pas respectée, quelque expérience négative surgissant, alors l'esprit reprend sa liberté de chercher une cause plus générale.

Les aphorismes suivants traitent, comme annoncé, des préceptes relatifs à la transformation des corps les uns dans les autres, et conséquemment de l'invention des progrès et des schématismes latents. La transformation peut se faire de deux façons : soit par une déduction opératoire des formes des natures simples dans la chose qu'on veut produire, ce qui reste un mode d'action qui, propre à la magie, dépasse en l'état actuel les capacités humaines ; soit en opérant directement sur les corps concrets, ce qui n'est possible que par l'étude des mouvements et travaux latents de la nature tels que la physique peut les saisir ; un mode d'invention plus superficiel qui en reste à l'analyse

des causes efficientes et matérielles, car de telles recherches
« regardent ce qu'on pourrait appeler les habitudes particulières
et spéciales de la nature, et non les lois fondamentales et
communes qui établissent les formes » (aph. 5). Le propos est
répété pour les schématismes latents (l'organisation ou la texture
des corps), la préférence devant être donnée non à l'opération
par le feu des chimistes, trop invasive, mais à la « méthode et à
l'induction vraie aidée d'expériences » (aph. 7).

Les fins de la connaissance ayant été posées et la nature des
préceptes caractérisée, la partie essentielle de la philosophie
naturelle ayant été définie comme l'invention métaphysique des
formes, Bacon passe, à partir de l'aphorisme 10 à l'exposition
des directives de la méthode, directives qui traitent de l'extrac-
tion des axiomes à partir de l'expérience (la partie spéculative)
et la déduction de nouvelles expériences à partir des axiomes (la
partie pratique). Il rappelle les trois *ministrationes* qui doivent
être assurées : l'assistance aux sens, l'assistance à la mémoire,
l'assistance à la raison. Corrélativement, sont à distinguer trois
niveaux ordonnés de la méthode : la méthode de découverte
et de recueil propre à préparer une histoire naturelle et expérimentale qui soit suffisante et de qualité ; la méthode de disposition de l'information dans un ordre tel que l'entendement
puisse s'y appliquer ; enfin, la méthode même de l'induction qui
mène aux axiomes les plus généraux (aph. 10).

Ces trois moments méthodiques sont solidaires, comme on
le voit dans les aphorismes 11 à 14, consacrés aux tables de
comparution des instances devant l'entendement : on retrouve
en effet les deux règles de la présence et de l'absence, non point
pour fixer les formes vraies comme précédemment, mais pour
assurer le progrès de l'esprit menant du recueil empirique,
encore occupé des corps concrets, vers la recherche de la forme
de la nature donnée. Une nature étant donnée, faire comparaître

devant l'entendement toutes les instances connues où se retrouve cette nature dans des matières dissemblables, puis les instances où manque la nature donnée, alors qu'on l'attendrait par proximité avec les instances positives. La troisième table, dite des degrés ou de comparaison, a charge de confirmer les premiers résultats de la table d'absence, en faisant varier les degrés d'absence et de présence, soit dans un même sujet, soit dans sujets apparentés.

Les aphorismes 15 à 20 en viennent enfin au moment proprement dit de l'induction et sur la base des tables de comparution s'efforce d'inventer une nature qui, avec la nature donnée, soit toujours présente, toujours absente, toujours croissante ou décroissante, et déterminent le ressort de la corrélation entre les deux natures, à savoir (aph. 16). La position à l'affirmative de la corrélation entre la nature naturante (la forme) et la nature donnée (le phénomène) sera le résultat de ce jeu d'exclusions.

Bacon propose un échantillon de sa méthode en l'appliquant à la nature donnée du chaud. Le texte expose clairement la procédure même de l'exclusion, mais se porte d'emblée à la « première vendange » qui présente, touchant la chaleur, non l'opération de l'induction en exercice, mais son résultat à l'affirmative, c'est-à-dire sous la forme d'une définition : « la chaleur est un mouvement expansif, réfréné et faisant effort par les petites parties » (aph. 20). Prise formellement, cette définition est une anticipation, puisque l'économie est faite du travail effectif de l'exclusion, travail inductif que le *Valerius terminus* XI rendait beaucoup plus sensible sur l'exemple de la blancheur.

Livre II : les instances prérogatives

L'esprit, s'il suit la vraie voie, s'élève des *particularia* jusqu'aux axiomes les plus généraux, en veillant à ne pas anticiper ces derniers. À chaque degré de l'échelle ascendante, il renouvelle son effort d'invention ; il lui faut incessamment se porter de la matière à la forme via l'efficiente. Mais il faut que la matière donnée à chaque degré prête à l'invention, il faut que les *particularia*, eux-mêmes pris dans l'échelle d'abstraction, soient traités autant qu'il se peut comme des instances remarquables, ayant une valeur méthodique d'orientation et d'indication. L'instance tourne l'esprit dans la direction de ce qui est à inventer ou peut même, en certaines occasions, avoir une fonction de décision. Ni exemple chargé d'illustrer une loi déjà connue, ni cas susceptible de faire varier une règle, l'instance est fondamentalement un indice ; et sa prérogative consiste en sa vertu méthodique propre.

Bacon ne présente pas moins de vingt-sept instances prérogatives. Ce nombre peut paraître un obstacle à leur intérêt méthodique. Mais il est inévitable qu'à ce point de la méthode (celui de la mise en tables) où l'on traite des instances, celles-ci retiennent encore quelque chose de la diversité des phénomènes. À une information qui est diverse et variée, doit correspondre de la part de l'induction une technique souple, à la fois consciente de ce qu'elle demande et des indications qu'elle peut recevoir. Diverses, ces instances prérogatives sont néanmoins présentées d'une manière fort réfléchie et répondent à plusieurs principes croisés de classement (aph. 32, 38, 44, 52).

Le canevas général est celui de la double échelle ascendante/descendante, et la plupart des prérogatives sont à rapporter au jeu de l'affirmative et de la négative qui constitue la matrice fondamentale de l'art d'invention. La division la plus générale répète la distinction entre la partie spéculative et la partie opérative de la philosophie. Les vingt premières instances servent la partie informative, les sept dernières la partie pratique. La distinction n'est pas au demeurant absolue, puisque certaines instances informatives sont directement utiles à la pratique : celles du « pouvoir » qui empruntent leur matière à l'histoire des productions de l'art humain indiquent à la pratique où elle doit commencer pour ne point refaire ce qui a été fait.

Les instances pratiques sont à leur tour divisées par l'aphorisme 44 en instances mathématiques et instances propices susceptibles d'alléger la tâche, car la pratique peut être affectée de deux vices : ou elle échoue, parce que les forces et les actions des corps ont été mal déterminées et mal mesurées, ou elle est trop lourde à mener.

La place de la mathématique dans la partie opérative se comprend bien dans la mesure où Bacon, étant physicien, s'il nourrit une forte prévention à l'égard de la fonction de construction, c'est-à-dire d'anticipation, qui peut être accordée à l'abstraction mathématique dans l'explication des phénomènes physiques (ce pour quoi il récuse les constructions géométriques des astronomes, Copernic compris), lui attribue néanmoins le rôle essentiel de la mesure des phénomènes, chose indispensable à celui qui opère sur la nature (Par., VII ; NO, II, 47). À cet égard, le pouvoir de la mathématique est moins d'invention que d'opération. Toutefois, d'abord, la position du philosophe semble avoir évolué de *The advancement of learning* (88, 130), où il accordait à cette science de participer au travail d'invention fine de la philosophie de la nature, au *De augmentis* (578, 103 b) où dans le texte correspondant il remplace le verbe anglais *to invent* par le verbe latin *comprehendere*, et où cessant d'en faire une branche de la métaphysique, il en fait un appendice à la physique et à la métaphysique. Ensuite, on peut observer, non sans surprise, que ces instances mathématiques ou de mesure contiennent des exposés systématiques qui, réunis, donnent une idée assez représentative de la physique baconienne. En effet, sachant que tout l'effort de la connaissance réside dans une détermination et une délimitation progressives des causes, une physique s'efforçant d'accéder à la métaphysique des formes mais qui en reste encore à l'efficience, ne saurait rester insensible à ce pouvoir de détermination propre à la mathématique ; d'autant que la matière est constituée de *quanta* composés de particules élémentaires à la fois liées et maintenues séparées par les vertus ou les forces qui les disposent pour former des schématismes. D'où ceci que, d'une part, la mathématique ne doit pas corrompre la philosophie naturelle, quand on en fait une discipline totalement abstraite, mais que, d'autre part, elle doit la terminer, *philosophiam naturalem terminare* (NO, I, 96).

Un second facteur de classement est fourni par le même aphorisme 44 qui conclut les instances de « la lampe », introduites par l'aphorisme 38. En effet, de même que l'interprétation de la nature s'achève dans la *deductio ad praxin*, de même elle prend sa source dans les perceptions des sens, avant de s'élever aux perceptions de l'entendement. On retrouve dans ces instances le détail de la *ministratio ad sensum*. Elles facilitent la comparution des *particularia*, tantôt en agissant sur les sens eux-mêmes, tantôt en opérant sur l'objet et sur les circonstances de la perception, tantôt en fournissant des substituts. Et dans tous les cas elles sollicitent l'entendement en le détachant du cours commun des choses. Qu'elles soient placées en position postérieure s'explique par le fait que l'essentiel de la méthode réside dans le travail inductif de l'entendement et que la *ministratio ad sensum* ne se comprend bien que par la *ministratio ad intellectum*. L'important n'est pas que la connaissance ait son origine dans l'expérience, mais que, ayant son origine dans l'expérience, elle se porte à l'invention des causes.

L'ordre des quinze premières instances qui ont pour rôle d'aider l'entendement paraît plus obscur. Dans l'aphorisme 32,

Bacon réunit les instances 6 à 10 et souligne l'intérêt de leur emploi : ce sont des instances qui ne doivent pas être ajournées dans l'attente de l'examen de telle ou telle nature, et qu'il faut exploiter dès le premier recueil des *particularia*, leur rôle étant de corriger les habitudes de l'entendement et de faciliter une première digestion de l'information. Mais dans l'aphorisme 52, Bacon étend ce critère aux « instances de la porte » (qui relèvent des instances de la lampe) et aux trois « instances propices ». Celles réunies dans l'aphorisme 32 ont un objet encore élémentaire : les touts concrets et les espèces dans lesquelles on peut les rassembler, tels qu'on peut les saisir soit dans l'uniformité de la nature soit dans ses déviations.

D'une manière générale, Bacon ne se soucie pas d'être systématique. Et il faut tenir compte du fait que certaines instances peuvent être appareillées dans leur définition et ne pas l'être dans leurs prérogatives.

Quant à leur prérogative, toutes les instances se distribuent en deux genres, conformément aux deux moments de la certitude et de la liberté dans la formule de l'induction : ou bien elles resserrent l'affirmative, c'est-à-dire fortifient la connaissance de la cause dans sa détermination, par la saisie de qui la détermine et la limite, de sorte qu'elles permettent principalement de discerner des différences. Ou bien elles font passer des différences aux genres et aident à l'invention des natures plus communes, libérant ainsi, par la négation des déterminations restrictives, de toutes les entraves qui résultent de la source empirique. Et ainsi l'entendement peut progresser dans sa marche inductive, fixant la connaissance d'une cause dans la certitude de sa détermination relative à une matière donnée, puis la libérant de ce qui la détermine en vue d'une affirmative qui soit d'un degré plus universel.

Dès lors, l'ordre de présentation peut être compris de la manière suivante. Les premières instances, les instances solitaires, et dans une moindre mesure les instances de migration, sont des instances exceptionnelles où l'esprit peut passer directement ou rapidement des tables de comparution à la saisie de la cause, quand l'on a affaire à des cas extrêmes ou remarquables de l'une des trois tables. Ces instances peuvent accélérer l'exclusion et mener à l'affirmative, parce que, en quelque sorte, elles réunissent les pouvoirs de la certitude et de la liberté. Viennent ensuite les ostensives qui, présentant la nature étudiée dans son degré le plus fort et quasi toute nue, resserrent l'affirmative de la cause et mènent aux différences ; et les clandestines qui, présentant la même nature dans son degré le plus faible, cernent la nature naturante mais dans le genre dont les natures étudiées ne sont que la limitation. Ce premier groupe d'instances abrège le travail de l'induction. Au contraire les suivantes reprennent, moment par moment, le dur labeur de l'induction et jouent un rôle d'appui. Les instances V à X concernent le temps de la première invention et facilitent les premiers efforts de l'entendement, lorsque, pour commencer, il s'applique à l'histoire naturelle qui est sa source d'information. Puis viennent les instances XI à XV qui concernent le moment proprement dit de l'interprétation de la nature, laquelle tend vers l'invention métaphysique des formes, et jouent un rôle beaucoup plus technique. Elles permettent de déterminer les formes dans leur relation aux schématismes latents qui sont le principe physique de leur restriction, et cela dans leur délimitation réciproque soit entre espèces (XII) soit relativement au genre (XIII). Enfin, et c'est la fonction la plus élevée, elles peuvent jouer un rôle de décision ; et ce sont les instances de la croix (XIV), justement célèbres, puisqu'elles permettent d'espérer une détermination incontestable de la nature naturante et donc le passage à des affirmatives définitivement tranchées. Les instances du divorce (XV) ont un rôle complémentaire à celui des instances de la croix, dans la dénonciation des fausses formes.

Le second livre du *Novum organum* est inachevé, du moins si l'on en juge par la liste des titres donnés dans l'aphorisme II, 21, rappelée dans le dernier aphorisme du même livre (mais la liste n'est pas exactement la même) : seules les instances prérogatives qui étaient en première ligne ont été traitées. Et des titres laissés en suspens, il n'est pas aisé d'apercevoir le contenu. Si les « adminicules de l'induction » doivent certainement s'opposer aux « adminicules de la dialectique » (NO, préf., 52, 94), on n'en trouve trace que dans les instances de suppléance et les instances de dissection qui sont chargées d'apporter une aide aux sens. Qu'est-ce que la rectification de l'induction (le mot n'étant employé ordinairement que pour les sens) ? La « façon de varier la recherche en fonction de la nature du sujet » évoque le principe de transposition de la méthode de la philosophie naturelle aux autres sciences (NO, I, 127). Les titres 5 et 6 suggèrent le travail de mise en tableau des natures opérée dans l'*abecedarium*. Le titre 8 « les préparatifs de la recherche » est rappelé au début du *Parasceve* (Par, 450) : un développement, chargé de préparer la partie III de l'*Instauratio magna*, qui reste à faire et que présente sans plus tarder le *Parasceve*. Enfin, le titre 9 « de l'échelle ascendante et descendante des axiomes » dit le mouvement de l'entreprise rappelée dans NO, I, 103, sans qu'on puisse donner un contenu déterminé à ce qui en serait l'accomplissement.

LA *NOUVELLE ATLANTIDE* (1627)

Rawley publie en 1627, un an après la mort de Bacon, en un unique volume, la *Sylva sylvarum* et la *Nouvelle Atlantide*. Le

Chancelier aimait rappeler que ce qu'un seul ne peut faire, tous le feront s'ils savent unir leurs forces. Mais chacun n'a qu'une vie et, quand vient la vieillesse, on est assez sage pour savoir ce qu'il faudrait faire et qu'on ne fera pas. La première tâche de l'interprétation de la nature est la constitution d'une histoire naturelle et expérimentale, abondante, fiable et fournissant une matière ordonnée au travail inductif de l'entendement. Bacon pensait pourvoir offrir six histoires en six mois, on sait qu'il n'en publia que deux de son vivant, l'*Histoire des vents* et l'*Histoire de la vie et de la mort*. Il jugea que c'était trop peu et qu'il fallait par l'exemple mettre les autres hommes au travail et il rassembla en un unique volume toute une masse d'observations et d'expériences, faites ou à faire, que la mort l'empêcha de mettre au point.

La *Sylva sylvarum* est une compilation divisée en dix *centuries*. Son abondance même (1000 articles) nuit à sa qualité : il faut la fidélité d'un Rawley pour penser qu'il s'y cache un ordre réellement défini. Le tour en est celui d'une histoire narrative ; la matière provient souvent de lectures faites, depuis les *Problèmes* d'Aristote jusqu'aux *Magiœ naturalis libri X* (1558, mais augmentés d'édition en édition) de della Porta ; il n'est pas rare que les données présentées soient triviales ; la discussion sur les causes se mêle à la description des phénomènes ; au sein des parties, les thèmes réunis peuvent être disparates et l'enchaînement des articles est lâche ; et qui ne connaîtrait pas les exigences méthodiques de Bacon touchant l'histoire naturelle et expérimentale, serait prompt à l'accuser de crédulité. Bacon, selon Rawley, avait le regret de s'y voir non comme l'architecte qui veille au plan du bâtiment, ni même comme l'ouvrier qui monte les murs, mais comme le tâcheron qui pioche la roche et fait cuire les briques. On y trouve néanmoins beaucoup des composants de la philosophie spéculative du Chancelier. L'ouvrage eut du succès, il satisfaisait la curiosité des lecteurs : succès qui fut un échec puisqu'il ne les incita pas à entrer dans l'esprit de l'histoire inductive.

En ce sens, la *Nouvelle Atlantide* est le complément nécessaire de la *Sylva sylvarum*. Cette construction qui fait défaut, mais qu'il faut penser à l'échelle d'une société scientifique, elle la représente dans une fiction. Cette fiction a un statut ambigu : ultime plaidoyer en faveur de la réforme du savoir ou refoulement dans l'imaginaire de ce qui n'a pu se faire.

Le récit est inachevé. Il relève d'un genre littéraire souvent pratiqué à l'époque : le voyage imaginaire. Quittant le Pérou pour la Chine et le Japon, devenus le jouet des vents, égarés dans l'immensité des mers du Sud, les héros de cette aventure, après avoir élevé une prière à Dieu, abordent une île inconnue ; ils sont traités humainement, mais non sans précaution d'abord, par les habitants qui parlent, entre autres langues, l'espagnol et sont de religion chrétienne. Quand il apparaît que nos voyageurs sont eux-mêmes de bons chrétiens, ils sont finalement autorisés à débarquer et à se rendre à la Maison des Étrangers où tous sont confortablement nourris et logés et les malades soignés, quoique d'abord mis en quarantaine, le temps d'éviter toute contagion et de s'assurer de leur moralité. L'intendant de la maison, dont le comportement est irréprochablement civil et charitable, leur explique le sens de leur séjour et les règles à respecter. Fort impressionnés par la bienveillance de l'accueil dont ils sont l'objet, les voyageurs s'enquièrent de la fondation de l'île, dont le nom est Bensalem, et de son évangélisation. Ils s'étonnent aussi que l'île ne soit pas mieux connue. On leur fait alors le récit de l'évangélisation miraculeuse de l'île, de la disparition de l'Atlantide de Platon, de la fermeture progressive de l'île sur elle-même et de l'incognito dont elle jouit relativement au reste du monde. Les voyageurs commencent à visiter l'île, l'un d'entre eux assiste à une fête de famille ; le narrateur rencontre un juif vivant en bonne harmonie avec les chrétiens, qui lui donne la leçon de la fête de famille, à savoir la pureté des mœurs. Enfin, un des Pères de la Maison de Salomon, l'institution la plus prestigieuse de l'île, instruit le narrateur du fonctionnement de cet établissement entièrement dévoué à la connaissance.

Quoique s'inscrivant dans un genre littéraire en honneur au début du XVIIᵉ siècle et renforcé par le goût des récits de voyage, la *Nouvelle Atlantide* n'est pas à proprement parler une utopie puisqu'elle ne propose rien qui puisse valoir comme l'organisation politique d'une société idéale, ni ne pose la question de la justice sociale. On apprend seulement, à la faveur du récit, que les personnages importants ont des serviteurs, que les familles obéissent à une forte structure patriarcale et que tout le monde baigne dans une moralité rigoureuse aux accents puritains. Au niveau proprement politique, il suffit de poser qu'un roi, quelques mille neuf cents ans auparavant, étant satisfait du bonheur de son royaume et de son peuple, n'ait eu d'autre souci que de préserver cet état et que, sage législateur, il ait interdit ou réglementé, mais de manière fort humaine, l'accès des étrangers à l'île de Bensalem. Mais la vraie grandeur de ce roi, « ce fut la création et l'institution d'un ordre ou d'une société qui est appelée la Maison de Salomon, vouée au développement des arts et des sciences. Cet accroissement de la connaissance est d'ailleurs l'unique objet des échanges très contrôlés avec l'extérieur. Bensalem est l'île de la science.

Un des Pères de la Maison de Salomon, étant entré dans la ville, fait au narrateur l'honneur d'une conversation privée où il lui fait connaître la vérité sur cette fondation. La fin en est d'abord brièvement présentée : « connaître les causes et le mouvement secret des choses ; et reculer les bornes de l'empire humain en vue de réaliser toutes les choses possibles » (p. 72) :

où l'on reconnaît la double fin de la connaissance. Puis sont
présentés « les dispositifs de préparation et les instruments » :
grottes profondes, fosses dans des sols de nature différente,
hautes tours, lacs d'eau douce ou salée, fontaines, puits, vastes
bâtiments expérimentaux, vergers, jardins, parcs et enclos pour
les animaux, bassins pour les poissons, ateliers d'artisans,
magasins d'apothicaires, etc. – la liste est longue – tout est
fait pour favoriser l'observation et l'expérimentation, à des
fins spéculatives ou pratiques, et pour nourrir l'activité d'une
communauté industrieuse. Enfin, est exposée la répartition des
tâches entre les membres de la communauté, sans esprit de
hiérarchie autre que celui imposé par la règle de la connaissance,
c'est-à-dire la méthode inductive : il y a ceux qui voyagent à
l'étranger pour rapporter toute information ou chose utile
(Bensalem connaît les autres peuples, mais n'en est pas connue),
ceux qui recueillent les expériences qu'on peut trouver dans les
livres, ceux qui rassemblent les expériences touchant aux arts
mécaniques et aux sciences libérales, ceux qui essaient de
nouvelles expériences, des « compilateurs » qui les mettent en
tables, des « bienfaiteurs » qui proposent d'en retirer des applica-
tions utiles à la vie ou à la recherche des causes, des « flambeaux »
qui sont chargés de proposer de nouvelles expériences permettant d'entrer plus avant dans la connaissance de la nature ; et
encore ceux qui les exécutent ; enfin les interprètes qui portent
plus loin la recherche jusqu'aux axiomes. C'est ainsi l'art même
de l'interprétation de la nature qui inspire l'ossature de cette
Maison de Salomon, sorte de machine inductive qui détermine
exactement les rapports entre les différentes fonctions. Sachant
que cette communauté scientifique dispose de tous les moyens
nécessaires à l'étude et à la recherche et que ses membres
partagent la même éthique de la connaissance et sont animés des
plus hautes vertus morales, on ne saurait en attendre que les résul-

tats les plus féconds et les plus utiles. Mais nous ne connaîtrons jamais ces résultats puisque l'ouvrage s'achève là, n'ayant exposé que la fin poursuivie et les moyens ou l'administration dont il faut se doter : en vérité, tout reste à dire, mais ce *dire* supposerait un *faire*. C'est pourquoi la *Nouvelle Atlantide* qui s'achève ainsi en fait moins que la *Sylva sylvarum*.

LES *ESSAIS* (1597-1625)

En 1597, Bacon fait paraître un petit recueil de dix essais, d'une facture assez lâche, réunissant autour d'un sujet donné diverses pensées pratiques à caractère prudentiel. Il ne cessera de corriger et d'enrichir le recueil dans plusieurs rééditions jusqu'à ce que le volume atteigne sa forme définitive en 1625, où il compte cinquante-huit essais. En même temps que le nombre des essais s'accroît considérablement, Bacon travaille son mode d'écriture et leur donne un tour beaucoup plus élaboré, il est vrai plus ou moins achevé selon la nature des corrections ou des accroissements apportés. En 1597, la composition reste assez simple : le thème est introduit par le biais d'une opinion reçue, d'une assertion, d'une quelconque considération, propre à piquer l'attention, puis il est suivi de plusieurs observations morales ou préceptes enchaînés librement qui en sont le commentaire pratique et qui en appellent souvent au bon sens du lecteur (voir par exemple l'essai XXX, sur le régime de vie qu'il faut suivre pour garder sa santé). L'auteur et le lecteur se tiennent dans le même espace social ; et le premier s'adresse au second sur le mode du conseil relatif aux affaires de la vie. Il y a deux obstacles à la réception des conseils : l'autorité que s'accorde celui qui les donne et leur caractère d'intrusion dans la vie de celui qui les reçoit. Pour qu'ils soient acceptés, sinon écoutés, il faut donc que l'auteur se tienne proche du lecteur, de ses pensées, de ses attentes, que ce qui est dit soit éminemment partageable, et aussi que la forme soit brève, variée, sinon plaisante. Bacon satisfait brillamment à ces exigences. Les dix essais, très courts, concernent des sujets d'importance, la santé, l'art de se comporter dans la vie sociale, l'art de gérer ses affaires, la conversation, le comportement des partis dans la vie civile. Des exemples sont donnés qui sont empruntés à la culture classique. Cette première édition connut un grand succès et fut rééditée plusieurs fois.

L'édition de 1612 (sur la base de l'édition préparée pour le prince Henry peu de temps auparavant) améliore la langue des essais déjà parus et en introduit vingt-neuf nouveaux, de plus grande longueur. Bacon se réclame des *Lettres à Lucilius* de Sénèque (auxquelles on peut ajouter les *Moralia* de Plutarque; il ne nomme Montaigne, qu'il avait lu, qu'en 1625, le citant dans le nouvel essai sur « La vérité » placé en tête du recueil). Certains essais conservent la même liberté de construction. D'autres sont plus fortement charpentés. Cette évolution de la forme s'explique par l'apparition d'une autre forme de conseil, le conseil portant sur l'administration de la vie civile et des grandes institutions de l'État et s'adressant à une autorité supérieure (le roi) : du conseil amical au conseil politique, le conseiller conserve l'initiative de la parole, s'autorisant de son expérience et de sa réflexion, mais il s'adresse désormais à un destinataire qui est de rang supérieur. En mariant les deux formes, Bacon se ménage habilement son droit d'écrire.

L'un des essais les plus importants et les mieux structurés (revu en 1625) est celui consacré à la fonction de juge (*Of judicature*). L'essai commence par un bref mais essentiel rappel de la fonction de juge : dire et non donner le droit, interpréter la loi et non la faire, et des qualités qui doivent accompagner l'exercice de cette fonction, dont la plus importante est l'honnêteté. Puis le plan est annoncé : la charge (*office*) du juge peut être considérée relativement aux parties qui sont en litige, aux avocats qui plaident, aux clercs et aux officiers de justice sur lesquels il a autorité enfin au souverain et à l'État qui sont au dessus de lui. Les quatre points sont ensuite soigneusement développés, détaillant sur un mode prescriptif la tâche des juges. Le quatrième, le plus important, conteste qu'il puisse y avoir antinomie entre les justes lois et la politique véritable : les juges sont comme les lions sur lequel repose le trône de Salomon. L'ensemble de l'essai est parfaitement circonstancié et il est manifestement inspiré par la pratique du futur Chancelier : c'est un discours qui s'adresse au premier degré à ceux qui entreraient en fonction ou qui s'écarteraient d'un juste exercice de la fonction, et au second degré au souverain et à l'ensemble du corps de l'État.

L'édition finale de 1625 procède à une révision des essais précédemment publiés (certains sont complètement réécrits) et en ajoute dix-neuf, dont l'un est consacré à l'administration de l'institution judiciaire, un autre aux séditions et aux troubles, un troisième à l'art de commander quand on est roi. D'une manière générale, la dimension civile des différents exposés est renforcée. L'un des essais les mieux organisés est consacré à l'envie, cette passion qui, avec l'amour, s'abandonne volontiers à l'imagination et à la suggestion. Le style n'en est pas directement prescriptif : l'on a affaire, en quelques sorte, à ce que serait le chapitre d'un traité des passions. Toutefois, l'objet en est précis, il traite successivement des personnes qui sont portées à l'envie (ce qui donne lieu à une réflexion sur le mérite), de celles qui sont les plus sujettes à être enviées (les personnes qui par leur mérite ont droit d'être honorées sont moins sujettes à l'envie) et de la différence entre l'envie entre les personnes privées et l'envie publique : cette dernière peut être utile en étant un frein à l'ascension de ceux qui deviennent trop puissants. Bacon, dont la description est précise, pouvait penser à Buckingham ou se souvenir d'Essex. En glissant ainsi de la description psychologique et morale d'une affection de l'âme à la considération de ses acteurs, Bacon se donne non seulement de procéder à une analyse proprement sociale de cette passion motrice qu'est l'envie, mais aussi à une caractérisation de l'emploi qui peut en être fait entre les mains du prince.

Au total, l'objet des *Essais* est assez évident : c'est l'ensemble des affaires humaines, la santé, la famille, les passions, les relations économiques, sociales, politiques, tout ce qui, d'une façon générale, peut entrer dans le commerce des hommes. La démarche de l'ouvrage, dans la variété conservée des préceptes prudentiels contenus dans les premiers essais et des recommandations politiques soumises au prince dans les essais postérieurs, est clairement, comme l'indique le titre définitif : *The Essays or Counsels, civil and moral*, celle du conseil, plus civil que moral et même proprement politique. Le livre VIII du *De augmentis* borne strictement l'intervention du philosophe à cette fonction de conseil.

On se souviendra que Bacon fut un avocat et ambitionna de devenir et devint, avec plus d'échec que de succès, conseiller du souverain. Incontestablement, l'ouvrage accompagne ses efforts pour accéder à une position politique puis son ascension dans l'appareil du royaume. L'essai XIX « Of consell » expose directement l'intérêt qu'ont les rois, sans rien perdre de leur autorité, à écouter les conseillers qu'ils se sont choisis, et précise comment en user, à la lumière de la fable de Jupiter et de Métis. Mais Bacon ne s'arrête pas là : en politique expérimenté, il relève les inconvénients des conseils (notamment la perte du secret indispensable à l'exercice du pouvoir) et traite très précisément (jusqu'à la forme de la table de la salle du conseil) des moyens d'y remédier ; ce faisant, il touche directement à l'administration du pouvoir royal, dans le contexte de l'Angleterre de l'époque. Notons enfin que, dans les nouveaux essais introduits en 1625, ce n'est plus un conseiller en exercice qui parle, c'est un homme déchu qui tente de rentrer en grâce par la qualité de ses analyses et de ses jugements sur l'art de coloniser les terres conquises, sur la vengeance lorsqu'elle est pratiquée hors la loi (le duel) ou sur les avantages et les inconvénients de l'usure pour le public – sujets d'importance à l'époque. On peut donc lire doublement les *Essais* : comme des pensées sages et prudentes sur la vie commune des hommes, mais aussi comme des pièces d'actualité.

Philosophiquement, les *Essais* sont à traiter comme une illustration de la science civile que le *De augmentis* (VIII, 1) divisait en trois parties : l'usage du monde (les manières et les mœurs), la science des affaires qui roule sur toute la vie humaine et la science du commandement.

LES ŒUVRES PROFESSIONNELLES

Les *Essais* sont autant l'ouvrage d'un professionnel de la vie publique et politique que d'un philosophe, et nous rappellent que l'œuvre de Bacon comporte une masse considérable d'écrits de toutes sortes et de tous ordres, lettres, mémoires, opuscules, discours, etc. liés à cette activité. Cette carrière fut d'abord celle d'un juriste : Bacon fut avocat, juge et finalement Grand Chancelier d'Angleterre. Comme avocat, il eut à défendre des causes individuelles, mais aussi les causes de la Couronne qui n'étaient pas toutes bien fondées. Comme maître de la Chancellerie, il eut à la fois à exercer des charges administratives importantes (gestion et réforme de la Chancellerie, relations, qu'il tente d'améliorer, avec les autres cours de justice) et à rendre des jugements. Ces activités relatives à la sphère juridique n'étaient pas dissociables des responsabilités politiques qui furent les siennes, *volens nolens*, dans un système où la fonction judiciaire était l'objet d'un conflit permanent entre ce qui relevait des courts d'Equité où s'exprimait par définition la prérogative royale, l'équité en appelant à la conscience du souverain, et dont la plus importante était la Chancellerie, et les cours de droit commun.

Si on ne connaît qu'indirectement ses actes de Chancelier et ses décisions de juge (relatives à des sujets aussi ordinaires que la maltraitance des femmes, les querelles dans les successions, les cas d'influences abusives, etc.) par les archives qui en ont été conservées, on possède aussi de sa plume, à l'image des discours de Démosthène ou de Cicéron des plaidoiries réunies entre 1610 et 1616 dans les *Arguments of law* (publiés au XVIIIe siècle), quand il fut d'abord *Solicitor-General* puis, à partir de 1613, *Attorney-General*. Enfin, on peut se faire une idée de sa gestion de la Chancellerie grâce aux *Ordinances made by the Lord Chancellor Bacon, for the better and more regular administration of justice in the Chancery* (vers 1618).

Nous n'évoquons ici que ses écrits juridiques, ses écrits politiques se rapportant étroitement aux événements du temps. Une première pièce mérite d'être évoquée, le *Reading upon the statute of uses*, témoin incomplet d'une série de conférences prévue sur six jours à Gray's Inn, en 1600, et relatives à la question controversée sur la réforme des *uses*, touchant la réglementation du droit de propriété et fixant les devoirs d'une personne à qui une propriété a été transférée au bénéfice d'une autre selon des dispositions déterminées (*trustee*). Cet outil juridique permettait d'échapper à l'impôt prélevé par le roi sur les propriétés, de sorte que, sous la pression d'Henri VIII qui avait besoin d'argent, une réforme en fût votée par le Parlement en 1535, qui n'eut pas tout le résultat escompté. C'était de la part de Bacon un exercice d'école qui n'était pas dépourvu d'arrière-pensée politique.

Mais c'est à la jonction de l'espace politique et de l'espace juridique que Bacon se tient principalement. Comme l'énonce d'emblée l'essai « Of judicature » faire le droit n'est pas l'affaire des hommes de loi, cela relève du pouvoir politique. Ce n'est pas davantage l'affaire du philosophe, puisque la loi se forme dans le secret du pouvoir souverain ; et si Bacon aime donner des conseils au prince, on chercherait en vain chez lui une théorie fondatrice de la souveraineté. Comme le rappelle le *De augmentis* (803, 241 a), ceux qui ont écrit sur les lois sont les philosophes qui disent des choses fort belles, mais n'ont pas de rapport avec le métier de la justice ; ce sont aussi les juristes, mais qui restent trop assujettis à la lettre des lois de leur patrie. C'est donc aux *viri civiles* qu'il faut s'en rapporter. C'est eux qui peuvent décider des lois à partir des maximes soit de l'équité naturelle soit de la politique.

En revanche, une philosophie juridique est possible qui se rapporte à trois objets. D'abord, comme l'exprime l'essai « Of judicature », l'exercice de la justice se faisant par l'intermédiaire des juges qui ont pour mission d'interpréter la loi et de rendre des jugements légitimes, il est utile d'exposer les qualités qui doivent être les leurs ainsi que leurs devoirs envers les différents acteurs.

Ensuite, cet exercice de la justice dépend non seulement des rapports à établir entre les différentes cours de justice (d'équité et de droit commun), mais aussi de l'état des lois. La conquête de l'Irlande et le rapprochement de l'Écosse et de l'Angleterre sous un même et unique souverain, Jacques Ier, appelait une réforme des lois anglaises. Bacon s'y essaie dans plusieurs textes : *A brief discourse touching the happy union of the kingdoms of England and Scotland* (1603), *A preparation toward the union of laws* (vers 1607-1608), *A memorial touching the review of penal laws and the amendment of common law* (1614), et surtout *A proposition to his Majesty touching the compiling and amendment of the laws of England* (écrit vers 1616, publié en 1765). Les lois anglaises sont certes « sages, justes et modérées » mais on peut les rendre plus parfaites. Et il n'est pas indigne de la part d'un roi de recevoir le conseil d'un loyal serviteur doublé d'un philosophe. « Ce que je propose ne regarde pas la matière des lois, mais seulement la forme des titres, des expressions et des traditions sous lesquelles elles sont » (Sp. XIII, 63). Après avoir répondu aux différentes objections, essentiellement conservatrices, opposant qu'il y a plus à gagner qu'à perdre d'une telle réforme, Bacon pose que son objet est la *digestio seu collectio legis communis et statutorum*, la refonte et la collection des lois de droit commun et des statuts, et il présente les trois choses à exécuter : 1) la composition d'un livre des antiquités du droit ; 2) la réduction du droit commun en un seul corps ; 3) la rédaction d'introductions et autres aides à l'étude des lois. Pareille écriture ou réécriture du droit anglais, manifestement inspirée par le droit romain, était censée permettre d'éliminer les choses superflues, les antinomies, etc., sans aller jusqu'à la rédaction d'un code en bonne et due forme. La proposition n'eut pas le succès escompté et Bacon revint à la charge dans une seconde adresse.

Eût-elle été suivie d'application qu'elle eût entraîné une rationalisation du droit anglais, lequel était issu des statuts et de la jurisprudence, et transmis dans les livres. Mais cette rationalisation peut prendre un autre aspect, et c'est le troisième point : exposer la raison universelle des lois sous forme de *legum leges*. L'idée est ancienne, puisqu'on trouve dans le Digeste justinien un « de diversis regulis juris antiquœ ». Bacon avait repris cette idée dès les *Maxims of the law* (vers 1596-1597) parues de manière posthume en 1631, avec la seconde édition de *Use of the law* (dont la paternité baconienne est discutée). Les maximes sont au nombre de 25. Dans une lettre préface à la reine Elisabeth, Bacon explicite son intention : en exprimant les lois des lois, en rendant apparente la rationalité juridique, confirmer la loi, en assurer une réception univoque, la représenter dans toute sa clarté quand elle est établie par assez d'autorité, en permettre l'application aux cas plus incertains, bref combattre l'incertitude de la loi, ce qui est le principal défi du moment. « Et donc les conclusions de la raison en ce genre sont dignes d'intérêt et sont justement appelées *legum leges* ; car beaucoup des *placita legum* [c'est-à-dire des enseignements particuliers et positifs des lois] s'écartent facilement d'une bonne administration de la justice, s'ils ne sont pas rectifiés et gouvernés par de telles règles » (Sp. VII, 320). Cette mise en forme réflexive du droit doit permettre de corriger les errements de l'art quand il est tiré de la pratique ordinaire de la justice et laissé au bon sens du juge. Bacon précise également la manière dont il les a établies et donne à cette fin une ébauche partielle de la méthode inductive : « beaucoup de principes communs et de généralités ne sont pas à mépriser, s'ils sont bien déduits dans les particuliers et si leurs limites et les exclusions sont dûment fixées » (*ibid.*). Ce recueil peut être pris comme la première esquisse du « traité sur la justice universelle » incorporé dans le *De augmentis* (VIII, 3).

Dans ce petit traité, rédigé en aphorismes, Bacon argumente que, si l'on remonte aux sources de la justice et de l'utilité publique (l'injustice ayant trois sources : la force brute, la loi elle-même lorsqu'elle masque la force ou lorsqu'elle est d'une rigueur excessive) on peut représenter un modèle, un type auquel référer les lois particulières : non pas dire le contenu des lois, car la loi appartient au souverain, mais établir les conditions en vertu desquelles une loi peut être dite une bonne loi.

L'injustice, c'est s'attribuer un bien individuel, soit au détriment d'autrui soit sans avantage pour lui ; c'est pourquoi les hommes « se déterminent aisément à se réunir, pour se garantir tous, par le moyen des lois « (§ 2). Ainsi se fonde le droit privé. Mais « le droit privé subsiste pour ainsi dire à l'ombre du droit public ; car c'est la loi qui garantit le citoyen, et le magistrat qui garantit la loi », l'autorité du magistrat dépendant de la majesté du pouvoir suprême, de l'organisation politique et des lois fondamentales (§ 3). Le droit public s'étend en outre à la religion, aux armes, à la discipline, aux embellissements publics, à tout ce qui tient au bien-être de la cité (§ 4). Le rapport ainsi établi entre le droit privé et le droit public donne l'objet des lois : faire que les citoyens vivent heureux par les moyens appropriés (§ 5). Toutes les lois particulières n'atteignent pas ce but ; mais il n'est pas interdit de présenter les *legum leges*, c'est-à-dire, les conditions qui font qu'une loi est à cet égard bien ou mal constituée (§ 7).

Ainsi, une loi doit être certaine dans ce qu'elle commande ; juste dans ce qu'elle prescrit ; facile dans son exécution ; en harmonie avec les institutions politiques ; propres à faire naître la vertu chez ceux qui y sont soumis (§ 7). En fait, Bacon ne traite que de la première demande. Il faut que la loi soit certaine, qu'elle avertisse avant de frapper, et donc qu'elle laisse le moins possible au juge. Mais elle ne l'est pas toujours, soit qu'elle soit silencieuse soit que la loi écrite soit obscure et ambiguë. À quoi trois sortes de remèdes peuvent être apportés : ou l'on procède par analogie du cas avec d'autres cas réglés par la loi ou l'on se règle sur des exemples, quoiqu'ils n'aient pas encore force de loi ou par des juridictions (censoriennes ou prétoriennes) qui statuent d'après la décision d'un prud'homme et selon l'inspiration d'une conscience droite (*ex arbitrio boni viri et secundum discretionem sanam*).

L'intérêt de ces considérations sur les *legum leges* a été relancé par la découverte en 1980 d'un manuscrit de Bacon intitulé *Aphorismi de jure gentium majore sive de fontibus justitiæ et juris* (écrits vers 1614?) et composé de vingt aphorismes rédigés en latin. À la différence du *Traité sur la justice universelle*, les *Aphorismi* portent sur une question controversée mais fondamentale : quelles sont les sources légitimes de l'autorité judiciaire? Quelles sont la nature et la force de l'obligation de la loi? Le texte est divisé en quatre parties. La première est consacrée à «l'origine et à la vicissitude des lois (aph. 1-4, les deux premiers aphorismes étant comparables à ceux du *Treatise*) : la différence des systèmes nationaux de justice sont une objection à la recherche des axiomes universels du droit, mais, comme cela était déjà compris dans l'idée romaine du *jus gentium*, à la source se trouvent les principes de l'équité naturelle, qui constituent la base universelle de tout système des lois : l'utilité réciproque est le fondement de la loi, complétée par l'emploi de la force pour éviter que la loi ne soit confisquée par une faction au profit de son intérêt propre. Le second groupe d'aphorismes (5-11) porte sur les sources et la nature du changement des lois (*mutationes legum*) : les causes sont ou bien externes (conquêtes, influences, etc.) ou bien internes, lorsqu'un gouvernement répond par la loi à un trouble menaçant et tente d'améliorer l'état de la république. Les aphorismes 12-19 en viennent au point central : d'où procèdent l'autorité de la loi et l'obligation de s'y soumettre? Il y a dans toute république un certain pouvoir qui est au dessus des lois. En effet, cas de nécessité mis à part, qu'est-ce qui empêcherait de dissoudre par consentement ce qui a été précédemment institué? Il n'y aurait donc pas d'autorité stable et véritable, ni d'obligation stricte. Il faut donc que l'autorité de la loi ne repose pas seulement sur le consentement mais aussi sur l'*imperium*. Et cette puissance suprême, si elle peut être dissoute ou transférée, ne peut être liée. Il est donc faux que le pouvoir suprême repose partout dans le peuple et que tout pouvoir procède du peuple. « Le pouvoir ancien et primitif qui résidait dans le peuple et qui a été transféré par la législation et la coutume à différentes sortes de royaumes, se conserve dans les gouvernements par le même droit qui était primitivement dans le peuple ». Toutefois, si le gouvernement abuse de son pouvoir, l'application du principe primitif que la concession faite par le peuple l'a été pour le bien du peuple, fera que le peuple chassera le gouvernement. Enfin (aph. 20), quoiqu'il faille chercher l'équité de la loi à la lumière de l'entendement, son exécution relève de la volonté et, à ce titre, la religion, la coutume et la crainte seront les gardiennes de la loi.

On sait que Hobbes eut connaissance du texte, mais la différence entre les deux auteurs est nette : Bacon raisonne en philosophe du droit, Hobbes en philosophe de la société politique.

CONCLUSION

L'ARAIGNÉE, LA FOURMI ET L'ABEILLE

Bacon fut lu de Descartes, de Spinoza et de Leibniz ; il fut, dès les années 1660, déclaré « le père de la philosophie expérimentale » au sein même de la jeune *Royal Society* qui compta Boyle, Newton, Locke et d'autres grands noms, parmi ses membres. Quand, au XVIIIe siècle, l'enthousiasme baconien diminua en Angleterre qui avait un autre héros, Newton, la France prit le relais, notamment dans le milieu de l'Encyclopédie, sous l'influence de Diderot. Le baconisme était inventé. Il eut ses promoteurs et ses détracteurs.

La philosophie aime se rapporter à des figures illustres. Il n'est pas sûr que ce soit toujours à l'avantage de ceux qui sont ainsi honorés. Dans le cas qui nous occupe, Bacon fut victime du baconisme. Ses détracteurs en tirèrent argument pour ne point lire le *Novum organum ;* mais on peut se demander si ses laudateurs le lurent davantage ou, plutôt, ne fermèrent pas l'ouvrage après avoir lu le seul premier livre.

En effet, très tôt, on observe un fait singulier : même ceux qui se réclament de l'esprit du Chancelier « oublient » ce qui constitue le cœur de sa philosophie, l'induction. Le fait est flagrant. Dans son *History of the Royal Society* (London, 1667) écrit sous le contrôle vigilant de plusieurs membres influents de la jeune société, Thomas Sprat oppose aux partisans de la Scolastique une définition toute baconienne de la philosophie :

> La vraie philosophie doit commencer d'abord par un examen scrupuleux et rigoureux des particuliers, desquels quelques règles peuvent être tirées avec beaucoup de précaution. Mais elle ne doit pas en rester là, car ce n'est pas encore le plus difficile. Elle doit avancer ces principes afin de découvrir de nouveaux effets dans toutes les variétés de la matière ; et elle doit suivre les deux démarches dans l'ordre : de l'expérimentation à la démonstration et de la démonstration à l'expérimentation. (p. 31)

On ne saurait donner une définition plus claire de la méthode de Bacon. Or Thomas Sprat ne prononce pas le mot *induction* et, lorsqu'il fait l'éloge de son illustre prédécesseur, il le loue d'avoir donné les règles de l'histoire naturelle et expérimentale et semble avoir égaré cette clé de l'interprétation de la nature, tant valorisée par son auteur, qui était censée permettre de passer de l'expérimentation à la démonstration. Il faut certes, commencer par une histoire naturelle et expérimentale, scrupuleuse et rigoureuse, pour se garder des fictions métaphysiques des scolastiques ; mais les particuliers sont devenus des phénomènes, les axiomes généraux induits sont maintenant des hypothèses, et la *deductio ad praxin* a été changée en une banale méthodologie expérimentale. La méthode inductive a cédé la place à la méthode hypothético-déductive. La partie adverse a alors beau jeu, rappelant que Bacon a manqué la révolution mathématique, de le changer en un empirique et en un idéologue de l'utilité.

En un sens, toute philosophie reçoit les interprétations et les commentaires qu'elle mérite. N'est-ce pas Bacon lui-même qui, la tâche de l'induction dépassant ses propres forces, en est resté

à des travaux d'histoire naturelle ? Ne compte-t-on pas parmi les
meilleurs historiens de sa philosophie des commentateurs qui
ont ramené l'échelle ascendante/descendante à l'*experientia
literata*, ou ont changé l'induction en un procédé rhétorique
comparable à celui que les dialecticiens, à la Renaissance,
appliquaient aux arguments et aux opinions ?

Mais relisons une dernière fois Bacon :

> Ceux qui ont traité les sciences furent ou des empiriques ou
> des dogmatiques. Les empiriques, à la manière des fourmis, se
> contentent d'amasser et de faire usage ; les rationnels, à la
> manière des araignées, tissent des toiles à partir de leur propre
> substance ; mais la méthode de l'abeille tient le milieu : elle
> recueille sa matière des fleurs des jardins et des champs, mais
> la transforme et la digère par une activité qui lui est propre
> [*i.e.* l'induction]. (NO, I, 95)

On pourrait multiplier les textes où Bacon fait la critique des
empiriques. Et c'est un contresens manifeste de le tenir pour tel.
Mais pourquoi, alors, pareille mésinterprétation ?

Parfois, les figures vont par pair. Et le couple Bacon-Galilée
s'est formé tôt : le philosophe de l'expérience et le philosophe
des mathématiques. Tous deux sont des physiciens. Bacon n'a
pas été ignorant des mathématiques (ni Galilée de l'expérience),
mais Bacon a refusé consciemment que par les mathématiques
l'entendement puisse anticiper sur la nature, arguant que ce
serait se rendre incapable de parvenir à une connaissance réelle
des choses. Il a eu tort, les mathématiques se sont imposées
et ont permis les immenses progrès de la philosophie naturelle.
Il a eu raison : une physique mathématique ne permet qu'une
connaissance phénoménale de la nature. On crut un temps que
Descartes avait donné la solution : l'étendue (la quantité) serait
l'essence de la matière. Mais c'est le newtonianisme qui l'a

emporté. La physique sera mathématique *et* expérimentale. C'est donc à raison qu'on a couplé Galilée et Bacon. Mais la suite de l'histoire, et elle est fort complexe, montre que l'association de ces deux attributs est rien moins qu'évidente et que, si elle a permis les progrès qu'on connaît, elle a mis à la peine ceux qui ont voulu en donner une raison légitime.

Mais alors, me direz-vous, l'abeille n'aura-t-elle été qu'une image plaisante, comme Bacon savait les peindre ?

Cherchez l'abeille, il y a toujours des fleurs dans les jardins et les champs.

BIBLIOGRAPHIE

The Works of Francis Bacon

L'édition traditionnelle de référence est celle donnée au XIXe siècle par J. Spedding, R. Ellis et D. Heath, *The Works of Francis Bacon*, London, Longman, 1857-74, 14 vol., rééd. facsimile Stuttgart-Bad Cannstatt, Fromman Verlag, 1961-1963; vol. 1-5: *Philosophical Works*; vol. 6-7: *Literary and Professionnal Works*; vol. 14: *The Letters and the Life of Francis Bacon*.

Une nouvelle édition scientifique est en cours, sous la direction de G. Rees (†), *The Oxford Francis Bacon*, Oxford, Clarendon Press, 1996-…, 6 volumes parus à ce jour sur 15. Nous privilégions cette édition, quand le volume est disponible.

Traductions françaises

Œuvres complètes

Œuvres de François Bacon, trad. fr. A. Lasalle, 15 vol., Paris, Frantin, 1799-1802.

Œuvres philosophiques de Bacon, M. Bouillet (éd.), 3 vol., Paris, Hachette, 1834 (édition des textes latins).

Francis BACON, *Œuvres philosophiques, morales et politiques*, J. Buchon (éd.) (trad. fr. A. Lasalle), Paris, A. Desrez, 1836, rééd. facsimile, Paris, L'Harmattan, 2008.

Traductions ou rééditions récentes

Les Essais, trad. fr. M. Castelain, Paris, Aubier, 1948.

La Nouvelle Atlantide, suivi de *Voyage dans la pensée baroque*, trad. fr. M. Le Dœuff et M. Llasera, Paris, Payot, 1983.

De la justice universelle, trad. fr. J.B. de Vauzelles (1824), rééd. Paris, Klincksieck, 1985.

Novum Organum, trad. fr. M. Malherbe et J.-M. Pousseur, Paris, PUF, 1986.

Valerius Terminus, trad. fr. F. Vert, Paris, Klincksieck, 1986.

Récusation des doctrines philosophiques, et autres opuscules, trad. fr. D. Deleule et G. Rombi, Paris, PUF, 1987.

Du progrès et de la promotion des savoirs, trad. fr. M. Le Dœuff, Paris, Gallimard, 1991.

La sagesse des Anciens, trad. fr. J. Cavaillé, Paris, Vrin, 1997.

Sur le prolongement de la vie et les moyens de mourir, trad. fr. C. Surprenant, Paris, Rivage, 2002.

Sources secondaires

(La présente bibliographie est strictement limitée à Bacon. Pour une bibliographie plus complète, voir Peltonen 1996)

Ouvrages et collectifs

ANDERSON F.H., 1948, *The Philosophy of Francis Bacon*, Chicago, The University of Chicago Press.

– 1962, *Francis Bacon : His Career and Thought*, Los Angeles, The University of Southern California Press.

BOX I., 1989, *The Social Thought of Francis Bacon*, Lewiston, The Edwin Mellen Press.

BRIGGS J.C., 1989, *Francis Bacon and the Rhetoric of Nature*, Cambridge (Mass.), Harvard UP.

COQUILLETTE D., 1992, *Francis Bacon*, Stanford, Stanford UP.

CRESSON A., 1948, *Francis Bacon, sa vie, son œuvre, sa philosophie*, Paris, PUF.

CROWTHER J.G., 1960, *Francis Bacon, the First Statesman of Science*, London, The Cresset Press.

DANGELMAYR S., 1974, *Method und System, Wissenschaftklassifikation bei Bacon, Hobbes und Locke*, Meisenheim am Glan, Hayn.

DELEULE D., 2010, *Francis Bacon et la réforme du savoir*, Paris, Hermann.

EISELEY L., 1962, *Francis Bacon and the Modem Dilemma*, Lincoln, The University of Nebraska Press.

ESCAT G., 1968, *Bacon*, Paris, PUF.

FARRINGTON B., 1949, *Francis Bacon : Philosopher of Industrial Science*, New York, Henry Schuman.

– 1964, *The Philosophy of Francis Bacon, an Essay on its Development from 1603 to 1609*, Liverpool, Liverpool UP.

FATTORI M., 1980, *Lessico del* Novum Organum *di Francesco Bacone*, Roma, Edizioni dell'Ateneo.

– (éd.), 1984, *Francis Bacon, Terminologia e fortuna nel XVII secolo*, Roma, edizioni dell'Ateneo.

HERPIN A., 1947, *Essai sur Francis Bacon, ses opinions sur la médecine*, Paris, Baillière.

JAQUET Ch. (éd.), 2000, *L'héritage baconien au XVIIe et au XVIIIe siècles*, Paris, Kimé.

– 2010, *La promotion des savoirs*, Paris, PUF.

JARDINE L., 1974, *Francis Bacon, Discovery and the Art of Discourse*, Cambridge, Cambridge U.P.

— and STEWART A., 1998, *Hostage to Fortune, the Troubled Life of Francis Bacon*, London, Victor Gollanz.

LEMMI C.W., 1933, *The Classical Deities in Bacon, a Study in Mythological Symbolism*, Baltimore, The John Hopkins Press.

MALHERBE M. et POUSSEUR J.-M. (éd.), 1985, *Francis Bacon. Science et méthode*, Paris, Vrin.

MARTIN J., 1992, *Francis Bacon, the State and the Reform of Natural Philosophy*, Cambridge, Cambridge UP.

PELTONEN M., 1996, *The Cambridge Companion to Bacon*, Cambridge, Cambridge UP.

PEREZ-RAMOS A., 1988, *Francis Bacon's Idea of Science and the Maker's Knowledge Tradition*, Oxford, Clarendon Press.

PAGALLO U., 1995, Homo homini deus, *per un introduzione al pensiero giuridico di Francis Bacon*, Padova, CEDAM.

POUSSEUR J.-M., 1988, *Francis Bacon. Inventer la science*, Paris, Belin.

REMUSAT C. de, 1857, *Bacon, sa vie, son temps, sa philosophie*, Paris, Didier.

ROSSI P., 1957, *Francesco Bacone : Della magia alla scienza*, Bari, Laterza ; trad. angl. 1968 ; éd. révisée Torino, Einaudi 1974.

SCHÄFER L., 1983, *Das Bacon-Projekt : Von der Erkenntniss, Vernutzung und Schonung der Natur*, Frankfurt-am-Main, Suhrkamp.

SCHUHL M., 1949, *La pensée de Bacon*, Paris, PUF.

SESSIONS W.A. (ed.), 1990, *Francis Bacon's Legacy of Texts*, New York, AMS Press.

SIEGL E., 1983, *Das* Novum Organum *von Francis Bacon, Skizze einer induktivistischen Philosophie*, Innsbruck, Universität Innsbruck.

SOLOMON J.R., 1998, *Objectivity in the Making, and the Politics of Enquiry*, Baltimore-London, The Johns Hopkins UP.

STEPHENS J., 1978, *Francis Bacon and the Style of Science*, Chicago, The University of Chicago Press.

URBACH P., 1997, *Francis Bacon's Philosophy of Science*, La Salle, Open Court.

VICKERS B., 1968, Francis Bacon and Renaissance Prose, Cambridge, Cambridge UP.

– (ed.), 1968, *Essential Articles for the Study of Francis Bacon*, Hamden, Archon Press.

WALLACE K.R., 1967, *Francis Bacon on the Nature of Man*, Urbana, University of Illinois Press.

WEINBERGER J., 1985, *Science, Faith and Politics : Francis Bacon and the Utopian Roots of the Modern Age*, Ithaca, Cornell UP.

WORMALD B.H., 1993, *Francis Bacon : History, Politics and Science*, Cambridge, Cambridge UP.

ZAGORIN P., 1998, *Francis Bacon*, Princeton, Princeton UP.

Études, articles

ABBRI F., 1984, « Bacon, Boyle e le "forme" della materia », dans Fattori 1984, p. 5-27.

BARNOUW J., 1977-78, « Active Experience vs Wish Fulfilment in Francis Bacon's Moral Psychology of Science », *Philosophical Forum*, IX, p. 78-99.

– 1981, « The Separation of Reason and Faith in Bacon, Hobbes, and Leibniz's Theodicy », *Journal of the History of Ideas*, XLII, p. 607-628.

BERGERON D.M., 1990, « Francis Bacon : an unpublished Manuscript », *Papers of the Bibliographical Society of America*, LXXXV, p. 397-404.

BERNS L., 1978, « Francis Bacon and the Conquest of Nature », *Interpretation*, VII, p. 1-26.

BERRY E.I., 1971, « History and Rhetoric in Bacon's Henry VII », dans S.E. Fish (ed.), 1971, *Seventeenth Century Prose : Modern Essays in Criticism*, Oxford, Oxford UP.

BLAY M., 1985, « Remarques sur l'influence de la pensée baconienne à la Royal Society », *Études philosophiques*, p. 359-373.

BULLOUGH G., 1968, « Bacon and the Defence of Learning », dans Vickers, p. 93-113.

CAMERON E., 1973, « Francis Bacon and the Pragmatic Theory of Forms », *Philosophicum Forum*, V, p. 592-610.

CARDWELL K.W., 1990, « Francis Bacon, Inquisitor », dans Sessions 1990, p. 269-289.

CAYE P., « La question de la technique à l'épreuve de la philosophie », *Revue philosophique*, n°1, 2003, p. 61-78.

CLERICUZIO A., 1984, « La trasmutazioni in Bacon and Boyle », dans Fattori 1984, p. 29-42.

COCKING J.M., 1984, « Bacon's View of Imagination », dans Fattori 1984, p. 43-58.

COCHRANE R.C., 1956, « Francis Bacon and the Use of the Mechanical Arts in the Eighteenth Century England », *Annals of Science*, p. 137-156.

– 1958, « Francis Bacon in Early Eighteenth Century Literature », *Philological Quarterly*, XXXVII, p. 57-89.

COGAN M., 1981, « Rhetoric and Action in Francis Bacon », *Philosophy and Rhetoric*, XIV, p. 213-233.

COHEN J., 1980, « Some Historical Remarks on the Baconian Conception of Probability », *Journal of the History of Ideas*, XLI, p. 219-231.

CRESSY D., 1981, « Francis Bacon and the Advancement of Schooling », *History of European ideas*, p. 65-74.

DASCAL M., « Language and Money, a Simile and its Meaning in the Seventeenth Century Philosophy of Language (Bacon, Hobbes, Leibniz) », *Studia Leibnitiana*, VIII, 1976, p. 187-218.

DAVIES D.D. and WRIGLEY E.S. (eds.), 1973, *A Concordance to the Essays of Francis Bacon*, Detroit, Gale Research Company.

DAVIS W.R., 1966, « The Imagery of Bacon's Late Work », *Modern Language Quarterly*, XXVII, p. 62-73.

DELEULE D., 1984, « Experientia-experimentum ou le mythe du culte de l'expérience », dans Fattori 1984, p. 59-72.

– 1985, « L'éthique baconienne et l'esprit de la science », dans Malherbe et Pousseur 1985, p. 53-77.

DIBON P., 1984, « Sur la réception de l'œuvre de F. Bacon en Hollande dans la première moitié du XVIIe siècle », dans Fattori 1984, p. 91-115.

DUCASSE C.J., 1960, « Francis Bacon's Philosophy of Science », dans E.H. Madden (ed.), 1960, *Theories of Scientific Method*, Seattle, University of Washington Press, p. 50-74.

DUREL-LEON H., 1996, « Francis Bacon contre le fondamentalisme puritain : *AL* (1605) », *Actes du Colloque « Littérature et Politique »*, Paris, Didier, 1996, p. 69-106.

– 1998, « Francis Bacon et la naissance de la science nouvelle : une laïcisation de la Bible », *Actes du Colloque « Acculturation/ inculturation du Christianisme en Europe »*, Paris, Didier, 1998, p. 83-127.

– 1998, « Bacon lecteur d'Aristote à Cambridge », *Nouvelles de la République des Lettres*, 1998-I, p. 29-60.

ELENA A., 1991, «Baconianism in the Seventeenth Century Netherlands», *Nuncius*, VI, p. 33-47.

FATTORI M., 1984, «Phantasia nella classificatione baconiana delle scienze», dans Fattori 1984, p. 117-137.

– 1985, «La mémoire chez Bacon», *Études philosophiques*, p. 347-357.

– 1985, «Le *Novum organum* de Francis Bacon: problèmes de terminologie», dans Malherbe et Pousseur 1985, p. 79-92.

FISCH H., 1952, «Bacon and Paracelsus» *Cambridge Journal*, V, p. 752-758.

GARNER B.C., 1970, «Francis Bacon, Natalis Comes and the Mythological Tradition», *Journal of the Warburg and Courtaud Institutes*, XXXIII, p. 264-297.

GERBER G., 1956, «Die Beziehungen Leibniz zu Francis Bacon», *Wissenschaftliche Annalen*, V, p. 275-282.

GIACHETTI V., 1980, «Bernardo Telesio: I riferementi a Telesio negli scritti di Francesco Bacone», *Rivista critica di storia della filosofia*, XXXV, p. 41-78.

GONTIER T., 2003, «Homme copule ou réification de l'outil», *Revue philosophique*, 1, p. 41-59.

GRANADA M.A., 1982, «La reforma baconiana del saber: milenarismo cientifista, magia, trabajo y superacion des escepticism», *Teorema*, XII: 1-2, p. 71-93.

HALL M.B., 1963, «In Defence of Bacon's Views on the Reform of Science», *Personalist*, XLIV, p. 437-453.

HARIG G., 1957, «Die neue Auffassung von Wesen der Wissenschaft bei Francis Bacon», *Deutsche Zeitschrifte für Philosophie*, V, 1957, p. 441-456.

HATTAWAY M., 1978, «Bacon and "Knowledge Broken" Limits for Scientific Method», *Journal of the History of Ideas*, XXXIX, p. 183-197.

HESSE M.B., 1962, «Hooke's Development of Bacon's Method», Proceedings of the tenth International Congress of the History of Science, p. 265-268.

– 1968, «Francis Bacon's Philosophy of Science», dans Vickers 1968, p. 114-139.

HOGAN J.C. and SCHWARTZ M.D., 1983, « On Bacon's "Rules and maxims" of the Common Law », *Law Library Journal*, LXXVI, p. 48-77.

HORTON M., 1973, « In Defence of Francis Bacon, a Criticism of the Critics of the Inductive Method », *Studies in History and Philosophy of Science*, IV, p. 241-278.

– 1982, « Reply to Hattaway's Bacon's "Knowledge Broken" », *Journal of the History of Ideas*, XLIII, p. 486-504.

HOSSFELD K., 1957, « Francis Bacon und die Entwicklung der Naturwissenschaftlichen Methode », *Philosophia Naturalis*, IV, p. 140-150.

HOVEY K.A., 1990, « Bacon's Parabolic Drama : Iconoclastic Philosophy and Elizabethan Politics », dans Sessions 1990, p. 215-236.

KARGON R., 1963, « John Graunt, Francis Bacon and the Royal Society, the Reception of Statistics », *Journal of the History of Medicine and Allied Sciences*, XVIII, p. 337-348.

KELLY S., 1963, « Gilbert's Influence on Bacon, a Reevaluation », *Physis*, V, p. 249-258.

KOCH C.H., 1979, « Francis Bacon on Mathematics », *Danish Yearbook of Philosophy*, XVI, p. 7-36.

JAQUET Ch., 2006, « Le rôle théorique de l'imagination chez Bacon » et « Le problème du jugement théorique chez Bacon », dans Ch. Jaquet et T. Pavlovits (éds.), 2006, *Les Facultés de l'âme à l'âge classique*, Paris, Publications de la Sorbonne.

JARDINE L., 1985, « *Experientia literata* ou *novum organum*, le dilemme de la méthode scientifique de Bacon », dans Malherbe et Pousseur, 1985, p. 135-157.

JOLY B., 2003, « Francis Bacon, réformateur de l'alchimie », *Revue philosophique*, 1, p. 23-40.

JONES R.F., 1968, « The Bacon of the Seventeenth Century », dans Vickers 1968, p. 3-27.

KOCHER P., 1957, « Francis Bacon on the Science of Jurisprudence », *Journal of the History of Ideas*, XVIII, p. 3-26.

LARSEN R.E., 1962, « The Aristotelism of Bacon's *Novum Organum* », *Journal of the History of Ideas*, XXIII, p. 435-450.

Le Dœuff M., 1983, « L'idée d'un *somnium doctrinæ* chez Bacon et Kepler », *La Revue des Sciences philosophiques et théologiques*, LXVII, p. 553-563.

– 1984, « Bacon chez les Grands au siècle de Louis XIII », dans Fattori 1984, p. 155-178.

– 1985, « L'espérance dans la science », dans Malherbe et Pousseur 1985, p. 37-51.

Linden S., 1974, « Francis Bacon and Alchemy, the Reformation of Vulcan », *Journal of the History of Ideas*, XXXV, p. 547-560.

Lunardi A., 1978, « Francis Bacon nella Francia Illuministica », *Studi urbinati di storia, filosofia e letteratura*, Urbano, LII, p. 267-297.

McRae R.F., 1957, « The Unity of the Sciences : Bacon, Descartes and Leibniz », *Journal of the History of Ideas*, XVIII, p. 27-48.

Magalhaes-Vilhena V. de, 1960-1965, « Bacon et l'antiquité », *Revue philosophique*, CL, p. 181-184 ; CLI, p. 25-38 ; CLII, p. 21-35 ; CLIII, p. 245-254 ; CLV, p. 465-502.

Malherbe M., 1984, « L'induction baconienne : de l'échec métaphysique à l'échec logique », dans Fattori 1984, p. 179-200.

– 1985, « Bacon, l'Encyclopédie et la Révolution », *Les Études philosophiques*, 3, p. 387-404.

– 1985 « L'expérience et l'induction chez Bacon », dans Malherbe et Pousseur 1985, p. 113-133.

– 1988, « L'histoire naturelle inductive de Francis Bacon », dans *Estudios sobre historia de la Ciencia y de la tecnica*, Valladolid, Junta de Castilla y Leon, 1988, t. 1, p. 45-66.

– 1994, « Bacon, Diderot et l'ordre encyclopédique », *Revue de Synthèse*, CXV, p. 13-37.

– 1996, « Bacon's Method of Science », dans Peltonen 1996, p. 75-97.

– 2000, « Le christianisme de Bacon », dans Jaquet, 2000, p. 91-110.

— et Pousseur J.-M., 1997, « Bacon et l'Université », dans R. Dodel, E. Seidel et L. Steindler (eds.), 1997, *Ideengeschichte und Wissenschaftsphilosophie, Festschrift für Lutz Geldsetzer*, Köln, Jürgen Dinter, p. 33-38.

Mas E. de, 1961, « La teologica di Francesco Bacone », *Filosofia*, XII, p. 207-238.

– 1962, « La dottrina dell'anima umana e delle sue facolta nel sistema di Francesco Bacone », *Filosofia*, XIII, p. 371-408.

– 1984, « Sienza e creazione. Studio sul tema trinitario e sulla terminologia biblica nel corpus baconiano », dans Fattori 1984, p. 73-90.

MAYS W., 1974, « Scientific Method in Galileo and Bacon », *Indian Philosophical Quarterly*, I, p. 217-239.

MORRISON J.C., 1977, « Philosophy and History in Bacon », *Journal of the History of Ideas*, XXXVIII, p. 585-606.

MOUTON J., 1990, « The summary law of nature : revisiting Bacon's views on the unity of science », dans Sessions 1990, p. 139-150.

O'BRIANT W.H., 1975, « The Genesis, Definition and Classification of Bacon's Idols », *Southern Journal of Philosophy*, XIII, p. 347-357.

PEREZ-RAMOS A., 1990, « And Justify the Ways of God to Men », *Studies in History and Philosophy of Science*, XXI, p. 323-339.

– 1991, « Francis Bacon and the Disputations of the Learned », *British Journal for the Philosophy of Science*, XLII, p. 577-588.

POUSSEUR J.-M., 1984, « La distinction de la *ratio* et de la *methodus* dans le *Novum organum* », dans Fattori 1984, p. 201-222.

– 1985, « Méthode et dialectique », dans Malherbe et Pousseur 1985, p. 93-111.

– 1990, « Bacon, a Critic of Telesio », dans Sessions 1990, p. 105-117.

– 2001, « La notion baconienne de principe dans le *De principiis* », *Nouvelles de la République des Lettres*, 2001-1, p. 105-120.

PRIMACH M., 1967, « Outline of a Reinterpretation of Francis Bacon's Philosophy », *Journal of the History of Ideas*, V, p. 123-132.

RAVETZ J.R., 1972, « Francis Bacon and the Reform of Philosophy », dans A.G. Debus (ed.), 1972, *Science, Medicine and Society in the Renaissance*, New York, Neale Watson, vol. II, p. 97-119.

REES G., 1975, « Francis Bacon's Semi-paracelsian Cosmology », *Ambix*, XXII, p. 81-101.

– 1975 « Francis Bacon's Semi-paracelsian Cosmology and the *Great Instauration* », *Ambix*, XXII, p. 161-173.

– 1977 « The Fate of Bacon's Cosmology in the Seventeenth Century », *Ambix*, XXIV, p. 27-38.

– 1977, «Matter Theory: a Unifying Factor in Bacon's Natural Philosophy», *Ambix*, XXIV, p. 110-125.

– 1979, «Francis Bacon on Verticity and the Bowels of the Earth», *Ambix*, XXVI, p. 201-211.

– 1980, «Atomism and "Subtlety" in Francis Bacon's Philosophy», *Annals of Science*, XXXVII, p. 549-571.

– 1984, «Francis Bacon and *spiritus vitalis*», *Spiritus IV, Colloquio internazionale*, Lessico Intellettuale Europeo, XXXII, p. 265-281.

– 1985, «Quantitative Reasoning in Francis Bacon's Natural Philosophy», *Nouvelles de la République des Lettres*, I, p. 27-48.

ROSSI P., 1954, «Le "Favole Antiche" nel pensiero de F. Bacone», *Rivista critica di storia della filosofia*, IX, p. 156-182.

– 1957, «Sul carattere non utilitaristico della filosofia di F. Bacon», *Rivista critica di storia della filosofia*, XII, p. 22-41.

– 1960, «Studi sul lullismo e sull'arte della memoria nel Rinascimento, La Memoria artificiale come sezione della logica: Ramo, Bacone, Cartesio», *Rivista critica di storia della filosofia*, XV, p. 22-62.

SESSIONS W.A., 1990, «Francis Bacon and the Classics: the Discovery of Discovery», dans Sessions 1990, p. 237-253.

VIANO C.A., 1954, «Esperienza e natura nella fllosofia di Francesco Bacone», *Rivista di filosofia*, XLV, p. 291-313.

VICKERS B., 1991, «Bacon among the Literati: Science and Language», *Comparative criticism*, XIII, p. 249-271.

– 1992 «Francis Bacon and the Progress of Knowledge», *Journal of the History of Ideas*, LIII, p. 495-518.

VITELLINO F., 1976, «Montaigne a confronte con Bacone», *Rivista rosmaniana di filosofia*, LXX, p. 144-159.

WALKER D.P., 1972, «Francis Bacon and *Spiritus*», dans A.G. Debus (ed.), 1972, *Science, Medicine and Society*, New York, Neale Watson, vol. II, p. 121-130.

WALTON C., 1971, «Ramus and Bacon on Method», *Journal of the History of Philosophy*, IX, p. 289-302.

WARHAFT S., 1963, «Bacon and the Renaissance Ideal of Self-Knowledge», *Personalist*, XLIV, p. 454-471.

WHEATLEY J.M., 1962, « Bacon's Redefinition of Metaphysics », *Personalist*, XLII, p. 487-499.

WHEELER H., 1983, « The Invention of Modern Empiricism : Juridical Foundations of Francis Bacon's Philosophy of Science », *Law Library Journal*, LXXVI, p. 78-122.

WHITAKER V.K., 1990, « Francesco Patrizi and Francis Bacon », dans Sessions 1990, p. 89-104.

WHITE H., 1970, « Bacon's Wisdom of the Ancients », *Interpretation*, II, p. 107-129.

INDEX RERUM

TABLE DES MATIÈRES

ACHEVÉ D'IMPRIMER
EN FÉVRIER 2011
PAR L'IMPRIMERIE
DE LA MANUTENTION
A MAYENNE
FRANCE
N° 632284M

Dépôt légal : 1er trimestre 2011